KB201792

북한이주민과 사회공동체

남북한 문화비교 총서 ⑩

북한이주민과 사회공동체

전주람 | 곽태환 | 배고은

남북한 문화비교 연구 총서는 학계에만 국한하여 출간되는 연구물을 대중화할 필요가 있다는 기대에서 기획되었습니다. 2020년 여름, 전주람은 학회지에 생생한 북한이주민의 증언을 담는 작업을 하고 있었습니다. 그때 한국학술정보 출판사에서 연구자들이 그간 학술지면에 발표한 논문을 단행본으로 엮는 작업을 한다는 광고를 보게 되었습니다. 그래서 한국학술정보 이강임 팀장님과 만나, 딱딱한 북한 관련 총서에서 벗어나 북한이주민의 생생한 증언을 담아내는 방식의 남북한 문화비교 연구 총서를 엮자는 데 의견을 모았습니다. 그동안 대표 저자 전주람은 북한이주민들의 심리 사회적 자원을 시작으로 가족, 건강, 일 세계, 대학 생활, 자기 돌봄과 정체성 등 다양한 주제를 현장 인터뷰 방식으로 연구해 왔습니다. 이러한 내용을 남북한 문화비교 총서로 엮는다면 더 많은 독자가 쉽게 접할 수 있을 것으로 판단했습니다.

남북한 문화비교 총서는 '일상생활(daily life)'을 주된 연구 영역으로 삼았습니다. 북한이주민의 일상생활을 자세히 살펴보려 했습니다. 이를 통해 북한이주민에 대한 고정된 부정적 편견과 고정관념을 걷어내고, 그들을 새로운 관점으로 바라보는 태도를 갖게 하고자 했습니다. 이 총서는 북한이주민이 누구인지에 대한 인식을 높이는 전환점과 담론을 제공할 것으로 기대됩니다. 남한에서 태어난 국민이 북한이주민에게 쉽게 다가가고 이해할 수 있는 좋은 자료가 될 것입니다. 궁극적으로 향후 남북한의 사회문화적 통합에 중요한 기초 자료로 활용될 수 있을 것이라 기대합니다.

프랑스 철학자 앙리 르페브르(Henri Lefebvre)는 일상생활을 인간의 전체성 관점에서 설명하였습니다. 자세히 살펴보면, 인간은 욕구, 노동, 놀이와 즐거움의 세 가지 차원으로 존재하며, 이 세 요소가 유기적으로 통합될 때 비로소 인간의 참된 모습이 현실화한다고 하였습니다. 즉, 인간이 생존하기 위해서는 모든 물질적 · 신체적 욕구가 충족되어야 하며, 동시에 이러한 욕구를 충족시키기 위해 일하지 않으면 안 된다고 언급한 것입니다. 일상을 다루는 것은 결국 일상성을 생산하는 사회, 즉 우리가 살고 있는 사회의 성격을 규정짓는 것이므로, 진지한 연구 대상이 되어야 마땅합니다. 일상은 매일 되풀이되며 보잘것없고 지루한 업무의 연속처럼 느껴질 수 있고, 익숙한 사람과 사물의 잦은 마주침으로 가득 차 보일지 모르지만, 중요한 사실은 일상이 바탕에 있어야만 사건이 발생한다는 것입니다. 이처럼 일상생활 연구는 사회 전체에 대한 평가와 개념화를 함축하므로, 일상성을 단순한 개념으로만이 아니라 '사회'를 이해하기 위한 바로미터로서 중요합니다. 따라서 남북한 문화비교 총서에서 북한이주민의 일상생활을 전방위적으로 깊이 탐색하는 것은 사회문화적 통합 영역뿐만 아니라 실천적으로도 매우 중요한 일이라 할 수 있습니다.

총서 시리즈물의 열 번째인 '북한이주민과 사회공동체' 편은 가족학이라는 학문적 토대에 '북한'이라는 영역을 끌어들인 것입니다. 가족이라는 미시체계 환경을 연구의 기반으로 삼는 전주람, 통일에 대한 실천적 사명감을 가지고 연구에 임하고 있는 곽태환과 11년간 임상간호사로 일하며, 과로사와 관련된 노동자의 업무환경과 건강과의 연관성을 파헤치고자 사회학과에서 의료사회학을 전공한 배고은이 북한이주민과 사회공동체에 관해 주목했습니다. 일상생활 중에서도 북한이주민에게 중요한 열쇳말은 '사회공동체'가 아닐까 싶습니다. 따라서 이 개념을 북한이주민에게 적용하면 어떤 내용이 담길지, 고민과 숙의의 과정을 거쳤습니다. 결국 그들의 생생한 언어를 채록하면 독자들이 이 책의 내용을 쉽게 이해할 수 있으리라 판단했습니다.

이에 제1부에서는 사회공동체의 개념, '사회체계', '사회', '사회공동체'의 이해, 북한 사회공동체의 개념과 특징, 남북 사회공동체의 차이점과 공통점에 관해 살펴보았으며, 이는 북한이주민들이 남한에서 보다 안정적으로 일상을 영위하기를 바라는 마음에서 출발한 것입니다. 제2부에서는 북한이주민들의 증언을 통해 드러나는 친밀한 관계, 사회적 네트워크, 입남 후 변화된 사회공동체와 관련된 신념 등을 검토하였고, 사회공동체를 형성해 나가는 데 있어 제약 요건과 고민도 대화록에 담았습니다.

이상의 결과를 책에 담는 작업은 남한의 일상을 경험하는 그들을 이해하는 것이자, 그들이 속한 사회를 이해하는 것이기도 합니다. 요컨대 〈남북한 문화비교 총서〉는 남북인이 조화롭게 어울릴 수 있는 일상 문화를 찾아나가는 데 중요한 기초 자료가 될 것입니다.

2024년 11월

전주람, 곽태환, 배고은

○ 목차

곽태환 · 배고은

제1부

북한이주민과
사회공동체

제1장 사회공동체란 무엇인가?

오늘날 우리는 다양한 배경을 가진 사람들과 함께 살아가고 있다. 4차 산업혁명의 기술 발전과 코로나 19 팬데믹이 가져온 '언택트 시대'라는 새로운 패러다임은 물리적 경계를 넘어선 다양한 형태의 공동체 형성을 촉진하고 있다. 전 세계적인 사회적 거리두기와 비대면 생활의 확산은 온라인 학습과 원격 근무 시스템의 확장을 가속화했으며, 이를 통해 구성원들은 물리적 거리에 구애받지 않고 협력과 유대감을 형성하며 공동의 목표와 규범을 공유하게 되었다. 이와 같은 디지털 기술의 발전으로 교육, 의료, 비즈니스 등 여러 분야에서 국경을 초월한 글로벌 네트워크와 가상 공동체가 활성화되며 새로운 방식의 사회적 유대와 연대가 형성되고 있다.

이미 탈콧 파슨스(Talcott Parsons)는 1989년 「사회들 : 진화적 비교적 관점(Societies : Evolutionary and Comparative Perspective, 파슨스, 1989)」에서 '사회공동체'라는 개념을 처음 제시하였다. 그렇다면 사회공동체(社會共同體)란 무엇일까? 파슨스는 사회공동체를 '소속된 개인과 소속되지 않은 개인을 구분하는 패턴화된 집합체'로 정의하며, 사회공동체가 제대로 작동하기 위해서는 구성원들이 공통으로 공

유하는 문화적 가치와 규범이 필요하다고 설명한다.[1]

"한 사회는 적절한 수준의 통합 혹은 연대와 구분되는 구성원 지위를 갖는 사회공동체를 구성해야 한다. … 사회공동체는 충분히 일반화되고 통합되어 규범적 질서를 정당화하는 문화체계의 '담지체(擔持體)[2]'여야 한다.[3]

이처럼 공동체는 특정 지리적 영역에서 하나 이상의 공동 유대를 기반으로 사회적 상호작용을 하는 사람들로 이루어진다. 이러한 지리적 영역은 물리적 공간일 수 있지만, 동시에 공유된 가치와 목표를 통해 연결된 '사회적 공간'을 의미하기도 한다. 이 공간에서 이루어지는 사회적 상호작용은 구성원 간의 관계를 형성하고 강화하며, 그 결과로 형성된 공동의 유대는 집단의 정체성과 연대를 더욱 공고히 한다(Hillery, 1955).

특히 사회공동체는 이러한 요소들을 결합하여 구성원들에게 강한 소속감을 제공한다. 이 소속감은 개인에게 자신이 속한 공동체와 깊이 연결되어 있다는 느낌을 주며, 이는 사회적 연대와 협력

---

1 파슨스, 탈콧(Parsons, Talcott). 1989 [원1966]. 사회의 유형(*Societies : evolutionary and comparative perspectives*). 이종수 역. 기린원(박치현, 2024에서 재인용).

2 담지체란 "어떤 이론이나 사상을 담고 있는 대상"을 의미하며(네이버 국어사전, "담지체", 검색일: 2024년 9월23일), 사회공동체 맥락에서 문화와 가치를 보존하고, 구성원들에게 전수하는 역할로 이해할 수 있다.

3 Parsons, Talcott. 1969. *Politics and Social Structure. New York : Free Press. p.19.* 와 박치현. (2024). 탈콧 파슨스(Talcott Parsons)의 '사회공동체 (Societal Community)'이론 : 현대사회에서 연대 체계의 형성. 사회와 이론, p. 82. 토대로 재구성.

을 촉진하는 중요한 역할을 한다. 구성원들은 공동체 내에서 공유된 가치와 목표를 중심으로 서로 협력하며, 이러한 방식은 공동체의 결속력을 강화한다. 따라서 사회공동체는 단순히 지리적 공간에 묶인 집합체가 아니라, 공동의 가치와 목표를 기반으로 사회적 통합과 연대를 유지하고 강화하는 핵심적인 구조로 작용한다.

이러한 구조는 개인들이 공동체에 대한 충성심과 책임감을 느끼도록 하여, 전체 사회의 안정성과 지속 가능성을 높이는 데 기여한다(김덕우, 2016). 이렇듯 공유된 문화적 가치와 규범이 안정적으로 유지될 때 사회공동체는 비로소 존립할 수 있다. 파슨스는 사회공동체를 구성하는 구성원들은 단일하지 않고, 여러 가지 모습과 다양한 형태를 지닌 집합체로 이뤄져 있음을 강조한다. 이는 우리 사회가 다양한 배경, 신념, 문화 등을 가진 구성원들로 이루어져 있음을 뜻하며, 이러한 다양성이 발전된 사회공동체를 형성하는 기본 토대임을 의미하기도 한다.

「현대사회들의 체계(1971; 역서 1999)」에서 파슨스는 사회공동체에 대해 더욱 깊이 있는 논의를 전개하며 이를 현대사회의 통합 체계로 정의한다. 그는 사회공동체가 사회의 다원성과 분화를 수용하는 동시에 사회적 연대를 유지하는 중요한 메커니즘으로 작용한다고 본다. 즉 사회공동체는 단순히 개인들이 소속감을 느끼는 집단을 넘어, 그 소속감을 바탕으로 충성심(loyalty)을 형성하고, 궁극

적으로 사회적 연대와 통합을 촉진하는 데 핵심적인 역할을 한다.[4]

이러한 과정에서 사회공동체는 각기 다른 사회적 집단들이 공동의 목표와 가치를 공유하도록 유도한다. 즉 사회공동체는 복잡한 현대사회에서 통합과 조화를 이루는 중요한 매개체로 기능한다. 이를 통해 파슨스는 사회공동체가 사회적 안정과 지속성을 유지하는 데 얼마나 중요한 요소인지를 강조한다.

"사회공동체는 상호침투하는 집합체들과 집합적 충성의 네트워크의 복합체이며, 기능적 분화[5](functional differentiation)와 분절화(segmentation) 양자의 특징을 갖는 하나의 체계이다."[6]

한편, 국립국어원의 정의를 살펴보면 사회공동체를 **"한 사회에서 생활이나 행동 또는 목적 따위를 같이하는 집단"**이라고 명시하고 있다.[7] 지금 우리는 다원화된 사회 속에서 사람들과 함께 살아가는 방식을 체득하며, 그들 사이에 형성된 사회적 규범과 도덕을

4 파슨스, 탈콧(Parsons, Talcott). 1999[원1971]. 현대사회들의 체계(*The System of modern societies*). 윤원근 역. 새물결.
5 "기능적 분화(機能的分化)는 사회가 복잡해질수록 각 부문이 특정한 역할과 기능을 수행하며 독립적으로 나뉘게 된다는 것을 의미한다. 이는 전체 사회의 안정과 효율성을 높이는 역할을 한다"(네이버 국어사전, "기능적분화", 검색일: 2024년 9월23일; Parsons, Talcott. The Social System. Glencoe: Free Press, 1951).
6 파슨스, 탈콧(Parsons, Talcott). 1999[원1971]. 현대사회들의 체계(*The System of modern societies*). 윤원근 역. 새물결(박치현, 2024 : 82에서 재인용).
7 문화체육관광부 국립국어원 우리말샘. 사회공동체 검색일 (2024.08.09.) https : // opendict.korean.go.kr/dictionary/view?sense_no=695815&viewType=confirm

지키며 생활하고 있다. 즉 사회공동체란 소속된 개인과 소속되지 못한 개인을 구분 짓는 개념으로 사회공동체의 구성원이 된다는 것은 우리가 그들과 함께하고 집단에 소속되어 있음을 의미한다.[8]

---

8 박치현. (2024). 탈콧 파슨스(Talcott Parsons)의 '사회공동체 (Societal Community)' 이론 : 현대사회에서 연대 체계의 형성. 사회와이론, 79-80.

제2장 사회체계, 사회, 사회공동체의 이해

파슨스의 이론을 통해 사회공동체를 개념화하기 위해서는 '사회체계', '사회'에 대한 이해가 필요하다.

"사회는 다른 사회체계들을 포함하는 사회체계 유형으로 환경과의 관계에서 자급자족을 가장 잘 유지할 수 있는 단위이다."[9]

파슨스의 '사회체계'는 인간과 인간의 상호작용이 일정한 패턴을 형성하며 지속적이고, 반복적으로 이루어지는 과정을 통해 체계화된 것을 말한다. 이러한 패턴화된 상호작용은 '제도'로 불리며, 제도는 상호작용 과정에서 인간의 행동을 예측이 가능하게 만드는 중요한 기능을 수행한다. (김덕우, 2016 : 26)[10] 즉 예측 가능하다는 것은 인간의 행위를 사전에 인지하여 우발적이고, 비도덕적인 상황이 줄어든다는 것을 의미한다. 이는 궁극적으로 사회가 보다 안전하고 예측이 가능한 환경에서 유지할 수 있도록 돕는다. 따라서, 사회체계는 기본적으로 인간의 상호작용을 안정적이고, 체계적으로 구축하는 역할을 포함한다.

하지만 파슨스는 여기서 한 걸음 더 나아가, '사회체계'와 '사회'라는 두 개념을 구분한다. 먼저 '사회체계'가 제도적 결합의 수준에서 이루어지는 것이라면, '사회'는 제도가 사회 구성원들에 의해

---

9 벤튼 존슨, 박영신 옮김, 『사회과학의 구조기능주의 : 파아슨스 이론의 이해』, 서울 : 학문과 지성사, 1981, p. 21.

10 김덕우. 2016. 북한 사회의 형성과 안정성에 대한 연구, 동국대학교 서울, 석사학위 논문.

지속해서 유지되고 실현되는 사회체계를 의미한다. 즉 사회는 제도가 안정적으로 작동하고, 구성원들에 의해 지속해서 기능할 때 안정된 상태를 유지할 수 있다. 또한 파슨스는 사회 구성원들과 집합체들이 사회 속에서 안정적으로 행위를 하기 위해선 '충성심'을 가지고 행동해야 한다고 설명한다.

파슨스의 이론에서 '충성심'은 개인의 감정이나 의무 그 이상을 뛰어넘는 포괄적인 개념이다. 충성심은 사회의 구성원이 그 사회의 규범이나 가치를 왜 받아들여야 하며, 이에 따라 왜 행동해야 하는지에 대한 당위성을 부여한다. 파슨스의 사회공동체 개념을 설명하기 위한 구조를 도식화한 김덕우(2016 : 28)에 의하면 사회공동체가 일반 행위자와 어떻게 상호작용하는지를 충성심의 주요 요소를 통해 설명할 수 있다(〈그림 1〉 참조).

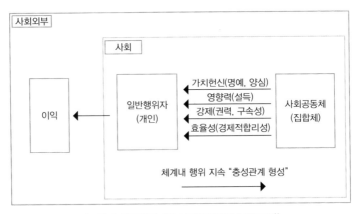

〈그림 1〉 일반행위자와 사회공동체의 통합구조[11]

---

11   김덕우. 2016. 북한 사회의 형성과 안정성에 대한 연구, 동국대학교 서울, 석사학위 논문.
      p.28.

먼저 일반 행위자(개인)는 사회 구성원으로 다양한 상호작용을 통해 행동하며, 이러한 행위는 사회공동체의 규범과 가치에 영향을 받는다. 즉 개인들이 소속되어 있는 사회공동체는 사회의 규범과 규칙, 가치 등을 일반 행위자에게 내재화함으로써 이들의 행동을 통제하고 조율한다. 그 과정에서 충성심이 중요한 수단으로 기능한다. 〈그림 1〉은 일반 행위자와 사회공동체 간의 '충성 관계 형성' 과정을 4가지 주요 요소를 통해 설명하고 있다.

충성 관계 형성의 기제를 살펴보면 정당성으로 통칭할 수 있는 가치·헌신(명예, 양심)은 사회가 중요하게 여기는 가치나 도덕적 규범을 의미한다. 개인은 본인이 속한 사회의 가치나 도덕적 규범이 정당하다고 믿을 때 충성심이 강화된다. 또한 영향력(설득)은 사회공동체의 지도자가 일반 행위자에게 설득력 있게 다가갈 때 개인의 충성심을 높이는 데 기여한다. 지도자의 영향력이 클수록 개인은 자신이 포함된 사회공동체에 대한 충성심을 더 강하게 느낀다. 사회적 규범을 따르도록 강제하는 요소인 강제(권력, 구속성)는 사회질서 유지를 위해 필요하다.

여기서 권력이란 강제성을 통해 사회 구성원들이 사회 규범과 제도를 따르도록 구속할 수 있다. 이러한 상황에서는 충성심이 일반 행위자의 자발적인 선택보다는 강제성에 의해 요구되는 경우가 많다. 마지막으로 경제적 동기나 효율성에 기초한 합리적 판단은 개인이 사회공동체에 충성하는 데 중요한 요인이 될 수 있다. 사회

구성원들은 사회의 규범과 가치가 경제적 동기와 효율성에 기초한 합리적인 판단이라고 여길 때, 그 사회의 규범에 더 쉽게 순응하고 충성심은 더욱 강화될 수 있다.[12]

한편 행위자는 기본적으로 자신의 이익을 최대한으로 추구하려는 성향이 있다. 하지만 만약 행위자가 아무런 제어 없이 행동한다면, 오로지 자신의 이익만을 고려한 선택을 하게 된다. 그러나 사회 내에서 다양한 행위자들이 각자 자신만의 이익을 추구할 경우, 상호작용 과정에서 이익의 충돌이 발생할 수 있다. 이러한 이익의 충돌은 서로 간의 갈등을 초래하고, 결국 행위자 자신에게도 위협이 될 수 있는 위험 요소로 작용할 가능성이 크다(김덕우, 2016 : 29). 이러한 위험으로부터 행위자들은 자신의 목표를 안정적으로 달성하기 위해 다른 사람들과의 상호작용에서 일정한 규칙이나 패턴을 따르기 시작한다. 이러한 '패턴화된 행위'는 이해관계를 조정하고, 상호작용을 보다 예측 가능하고 안정적으로 이루어지도록 돕는다.

이 과정에서 자연스럽게 형성되는 것이 파슨스가 말하는 '사회체계'의 기원이다. 사회체계는 결국, 개인들이 자신의 이익을 충족시키기 위해 상호작용에서 발생하는 갈등을 줄이고 협력을 촉진하기 위해 만들어진 구조라고 할 수 있다.

한편 파슨스에게 사회공동체란 사회의 통합기능을 수행하는 하

---

12 벤튼 존슨, 박영신 옮김, 『사회과학의 구조기능주의 : 파아슨스 이론의 이해』, 서울 : 학문과 지성사, 1981, p. 195.

위체계를 말한다. '사회공동체'는 문화적 가치를 사회적으로 수용하고 적용되는 규범을 제도화함으로써 근대 사회의 분화된 체계들에서 발생할 수 있는 충성심의 충돌을 조정하는 기능을 수행한다.[13] 즉 4가지 사회공동체의 요소들(가치헌신, 영향력, 강제, 효율성)은 일반 행위자가 이익 추구를 위해 사회 밖으로 나가려는 욕구를 제어하고, 사회에 묶어두는 역할을 한다.

따라서 사회공동체의 통합기능 다시 말해 행위자가 사회에 대해 충성심을 갖도록 유도하는 것은 궁극적으로 그 사회의 집합의식에 의해 결정된다. 이때 '집합의식'은 사회 성원들이 공통으로 정당하다고 인식하는 가치를 의미하며, 이는 문화체계와 깊이 연관되어 있다. 즉 집합의식에 담긴 가치가 보다 일반적이고, 다양한 집합체들을 포함할 수 있는 유연성이 높을수록 사회의 통합 및 안정성은 강화된다. 이러한 집합의식은 다양한 방식으로 개인 행위자에게 영향을 미치며, 사회공동체 내에서 개인에게 발휘되는 4가지 형태(정당성에 근거한 헌신, 영향력에 기반한 설득, 권력을 바탕으로 한 강제, 효율성에 근거한 합리성)는 일반 행위자가 사회공동체에 충성하도록 유도하는 중요한 기제로 작용한다.

---

13   벤튼 존슨, 박영신 옮김, 『사회과학의 구조기능주의 : 파아슨스 이론의 이해』, 서울 : 학문과 지성사, 1981, p. 195(김덕우, 2016 : 29에서 재인용).

제3장 북한 사회공동체의 개념과 특징

북한의 정치세력은 반제·반봉건이라는 대중들의 연대 의식을 마르크스-레닌주의에 기반한 인민민주주의 혁명으로 연결시켰다. 이후 이들은 여러 개혁 조치를 통해, 사회주의 정치 체제와 개인 소유, 국영기업이 함께 존재하는 혼합경제 형태의 '인민민주주의' 사회를 건설하기 시작했다.[14]

이 과정에서 로동당은 봉건 질서 타파와 친일·민족 반역자들에 대한 배제를 통해 주민들의 신뢰와 지지를 얻었다. 이들은 공산주의의 경직되고, 독재적인 성향을 완화하여 더 다양한 계층의 사람들이 사회공동체 내에 포함될 수 있는 기반을 마련했다.[15]

한편, 북한지역에서 조직된 로동당은 북조선 임시인민위원회를 출범시키고 소련의 강력한 지원을 받아 신속하게 사회개혁과 제도 정비에 나섰다. 토지개혁과 산업 국유화를 통해 국가가 자원과 생산수단을 통제하게 되면서 사회적 평등을 강조하는 공동체 의식을 고취시켰다. 이로 인해 주민들은 개인이 아닌 집단의 이익을 우선시하는 체제 속에서 공동의 목표를 갖고 소속감을 느끼게 하였다.

---

14 해방 이후 50년대 말에 이르는 북한의 정치·경제 건설기를 김성보는 "인민민주주의 사회"로 정의한다. 김성보. (2012). 북한의 역사 1. 서울 : 역사비평사. p. 8(김덕우, 2016 : 30에서 재인용).

15 김덕우. 2016. 북한 사회의 형성과 안정성에 대한 연구, 동국대학교 서울, 석사학위 논문. p.31.

또한, 8시간 노동제 도입으로 노동환경이 개선되면서 국가가 주민들의 복지를 위해 노력하고 있다는 인식을 강화시켰고, 이에 따라 개인은 사회공동체에 기여하는 자부심과 충성심을 느끼게 하였다. 이어서 여성 권리 확대와 교육제도 개혁을 통해 사회공동체 구성원들이 체제의 이념을 내재화할 수 있는 기반을 마련하고, 여성의 사회적 참여와 역할을 확장하였다. 특히 교육제도 설립을 통한 이념 내재화는 사회주의 체제를 유지하는 데 중요한 역할을 하여 전체주의적 가치가 사회 전반에 스며들며 공동체 결속을 강화하는 기제로 작용하게 하였다. 이와 같은 개혁 조치는 북한 주민들이 국가와 사회공동체의 통합된 가치와 목표를 공유하게 하여, 궁극적으로 사회공동체의 안정성과 연대감을 높이는 토대를 마련하였다.

한편 파슨스 이론에 따르면, 사회공동체가 안정적으로 유지되기 위해서는 다음의 4가지 요소가 충족되어야 한다. 정당성에 기반한 헌신, 설득을 통한 영향력, 권력에 의한 강제, 그리고 효율성에 근거한 합리성이 바로 그러하다. 이 요소들은 사회 구성원들이 사회공동체에 대한 충성심을 유지하고, 사회의 통합과 안정을 보장하는 중요한 토대가 된다. 하지만 북한 사회에서는 이 4가지 요소들이 점차 왜곡된 방식으로 수행되고 있으며, 이로 인해 충성심은 약해지고 있다. 그 결과 북한 체제에 대한 불안정성이 심화하고 있다. 그렇다면 북한 사회에 파슨스의 사회공동체 개념을 적용해 본다면 충성심을 높이기 위한 4가지 요소에 대해 어떻게 평가할 수 있을까?

먼저 '정당성에 기반한 헌신'의 경우 북한 주민들은 고난의 행군 이후 경제적 지원 체계가 무너지면서 국가 이념과 지도자의 정당성에 대한 의문을 제기하고 있었다.

"94년에 김일성이 서거하면서부터 고난의 행군이 시작되었고… 남편이 사고로 죽고, 그때는 제가 장사를 다니면서 사실 아사도 많이 겪었습니다. 북한의 꽃제비들이 바닥에 널려 있었고, 그 사람들을 딛고 걸어야 했습니다. 너무 많은 사람이 죽어서… 죽기 직전에 (사람 몸에) 벌레가 기어다니고, 시체를 너무 많이 봤어요. 나중에 장사를 하면서 생활을 꾸려가려고 했는데, 그런 (죽음의) 장면을 많이 보니까 북한에서는 더 이상 가능하지 않겠구나, 아무도 믿을 수 없겠구나, 생각했습니다."

– 인권(가명) –

"95년도에는 죽는 사람이 널려 있었어요. 배가 고파서 못 먹어서 죽는 거예요. 둘, 셋, 그러니까 아버지, 어머니에 둘, 셋까지 하면 아버지가 제일 먼저 죽고, 그다음에 어머니가 죽고, 아이들이 죽어요. 이렇게 되면 그 환경을 보면서 나도 아이들을 굶겨 죽일 수는 없으니까, 무작정 떠나온 거죠."

– 경순(가명) –

경순 씨(가명)의 사례는 북한 체제에서 통치의 정당성이 와해되면서 주민들이 정부를 믿지 못하고 생존을 위해 중국으로 이탈하는 상황을 보여준다. 국가의 권위와 지배에 대한 정당성을 인정받으려면 사회 구성원들이 국가 지배를 합리적이고, 공정하며 도덕적인 것으로 받아들여야 한다. 만약 이러한 정당성을 인정받지 못하면 개인은 국가를 떠나게 되고, 이로 인해 사회공동체는 안정성을 유지할 수 없으며, 최악의 경우 해체될 수 있다.

"두만강으로 건넜죠. 이게 사람이, 나도 그렇게 건널 줄은 몰랐어요. 당장 굶어
죽을 판이거든요… 여기 있다가는… 다 해주는 것처럼 생각했는데 김일성도
죽고 아무것도 없어요. 그래서 윗동네로 가야겠다고 결심했죠! 새벽에 갔는데
그날은 북한 군인들이 경비가 심해서 못 가고 돌아왔어요. 잡히면 죽도록 일하
다가 죽을 텐데… 다행히 새벽에는 잘 때라 감시가 좀 덜했거든요."

- 인아(가명) -

이들은 김일성 집권 당시 모두가 함께 잘사는 사회를 표방했지
만, 고난의 행군 이후 체제에 대한 불신과 억압적인 사회 환경이
고조되면서 지도자의 정당성에 대한 의심과 체제에 대한 반감이
커졌다고 말했다. 이러한 불신이 결국 당에 대한 충성심을 약하게
만들었고, 북한을 벗어나 탈북을 결심하게 된 주요한 이유 중 하나
라고 설명했다.

"여기에 계속 남아 있을 수가 없는 거예요. 길거리에 배가 고파서 죽는 사람이
널려 있어요. 이제 더 이상 내가 사는 곳은 안전하지 않아요. 옆집에서 감시하
고, 뒷집에서 감시하고 서로가 서로를 믿지 못해요. 체제를 거스른다고 고발하
면 당에서 죽 한 그릇 만들 수 있는 옥수수를 주는데, 목숨을 부지하려고 서로
물고 뜯는 거죠. 칼만 안 들었지요. 그걸 보면서 아이들을 굶겨 죽일 수는 없으
니까, 중국으로 도망치면 총살이에요! 뒷집에서 누가 탈북하다가 경비대에 붙
잡혀서 끌려갔어요. 그래도 한 사람은 등을 업고 양쪽 손을 잡고 새벽에 강을
건넜죠."

- 영민(가명) -

인터뷰에서 참여자들은 북한 체제의 정당성에 대한 의구심과
사회공동체를 떠나고자 하는 현상은 자신들에게만 국한된 경험이

아니라고 설명했다. 그들에 따르면, 점점 더 많은 북한 주민이 국가의 선전과 현실 사이의 괴리를 인식하고 있다고 했다. 특히 정부가 강조했던 이상적인 사회와 현실 속 일상생활의 차이는 주민들 사이에서 체제에 대한 회의감과 반감을 확산시키고 있다고 했다. 이러한 인식의 변화는 결국 북한 체제에 대한 헌신과 충성심이 흔들리는 결과로 이어지고 있었다.

> "저는 팔려 갔으니까, 북한에서 먹고살 게 없어요. 어차피 죽을 거니까… 나를 부모님이 윗동네에 판 거예요. 그때 2006년도에 팔려서 다른 집에 팔려 간 경우가 비일비재해요. 당에서 다 알지요. 굶어 죽는 사람 없이 잘 살게 해준다고 (김일성) 찬양하더니, 다 거짓말이잖아요. 나는 그때 16살쯤이었고… 그러니까 나 같은 애들은 많았죠."
>
> – 민주(가명) –

탈북민 민주 씨(가명)는 고난의 행군 이후 경제 붕괴로 북한 체제에서 굶주림은 일상화되었다고 회상했다. 그녀는 가족의 생존을 위해 인간으로서 존엄성과 자율성을 포기할 수밖에 없었다고 했다. 이는 국가가 제시한 이념적 정당성이 실질적으로 구현되지 않았음을 드러낸다. 파슨스 이론에 따르면, 사회의 안정성은 국가 이념의 정당성에 대한 구성원의 믿음과 헌신에 의존한다. 이러한 믿음이 약해지면 사회질서가 흔들릴 수 있다. 현재 북한의 상황은 정당성에 기반한 헌신의 약화로 체제의 안정성이 무너지고 있음을 보여준다.

"그때는 그럴 수밖에 없었어요. 집이 있었는데, 7월에 비가 와서 집이 무너졌어요. 집이 무너지니까 하루하루 벌어 쌀 살 수 있는 돈은 마련했지만, 집 살 수 있는 돈은 없었어요. 그래서 내가 (중국에) 가야 한다고 결심했죠. 무조건 가야 해요. 우리 가족이 여기서 버티다가 내가 중국으로 가지 않으면, 우리 어머니가 너무 속상해하시면서 세 명이 같이 자살하자고 하셨어요. 그래도 다 같이 자살하는 것보다 내가 중국으로 가서 돈을 벌어오는 게 낫다고 생각했죠"

- 진형(가명) -

진형 씨(가명)는 북한 사회의 극심한 빈곤과 체제의 불안정이 한 가족의 기본적인 생활 여건조차 충족하기 어렵게 만들었다고 했다. 집이 무너지고 생계가 위협받는 상황에서 가족을 위해 중국으로 가서 돈을 벌어야 했던 진형 씨의 결정은 북한 체제의 무능력을 고스란히 보여준다.

이러한 맥락에서 정당성에 기반한 헌신은 국가가 중요한 가치나 도덕적 규범을 가지고 있을 때, 사회 구성원들이 이 규범을 정당하게 받아들이고 헌신하는 것을 의미한다. 그러나 북한 사회의 경기 침체로 인한 기아, 사망자 수 증가는 체제에 대한 구성원들의 불신을 고조시키며 국가 존속에 대한 정당성을 약화시키고 있다. 그 결과 주민들은 북한 사회의 도덕적 정당성을 신뢰하지 않게 되었으며, 체제에 대한 불신과 불만은 이들의 헌신과 충성심을 감소시키고 있다. 이러한 현상은 북한 사회의 불안정성을 심화시키는 요인으로 작용할 수 있다.

둘째, '**설득을 통한 영향력 측면**'을 살펴보면 북한 체제의 선전은 더 이상 주민들에게 효과적으로 작동하지 않고 있음을 확인할 수 있다. 김정일을 위대한 인물로 찬양하는 방식은 북한 정부가 자신들의 권력을 공고히 하고, 주석의 지도력과 체제의 정당성을 높이기 위한 전략의 일환으로 활용되었다. 그러나 민지 씨(가명)의 인터뷰에서 북한 정부의 선전 활동이 과거와 달리 사회 구성원들에게 체제의 정당성에 대한 설득력을 발휘하지 못하고 있음을 알 수 있다. 북한에서는 이러한 설득이 강압적으로 이루어지는 경우가 많다. 개인의 자발성에 의해 체제를 지지하기보다는 억압된 상황에서 선전을 통해 미화된 이미지를 형식적으로 따를 가능성이 크다.

> "고난의 행군 이전까지는 북한 체제가 좋다, 나쁘다, 그런 생각이 없었어요. 그냥 나는 이 체제를 따르는 거고, 그게 당연한 거로 생각했죠. 민주주의? 자유? 그런 거 몰랐어요. 배운 적이 없으니까요. 우리한테 밥 주고, 집 주고, 일거리 주고, 땅 주는데, 이렇게 살면 행복한가 보다 했죠."
>
> — 춘식(가명) —

> "북한에서는 항상 '우리가 최고다', '우리는 모든 것을 가졌다'라고 떠들어요. TV든 신문에서든, 그런데 현실과 너무 동떨어져 있다는 걸 알게 되면서 점점 믿을 수가 없게 됐어요. 그냥 말로만 잘 살게 해준다고 했지만, 늘 배고프고 부족한 상황에서 누가 그 말을 믿겠어요? 더는 그들이 하는 말에 귀를 기울이지 않게 됐어요."
>
> — 민주(가명) —

> "아, 북한 얘기만 하면 눈물이 나요(어이없다는 듯 웃음)… 북한에서는 이렇게… 살아가는 게 힘드니까요. 체제가 주민들을 먹여 살리지 못해요. 죽지만 않아도 다행이지… 내가 알아서 살아야 해요. 제가 고향이 청진인데… 도강? 장사? 하면 안 되죠. 다 알죠. 북한 체제에서는 못 하게 하니까요. 그런데 '우리 위대한 김정일 동지!'만 외치고 있으면 밥이 나오나요? 그렇게 안 하면 당장 배

곯아 죽는 건데요?"

– 영지(가명) –

이처럼 북한 체제의 선전이 예전보다 설득력을 잃어가면서 주민들은 북한 사회에 대한 믿음과 신뢰를 상실하고 있다. 이러한 변화는 지도자의 설득을 통한 영향력이 주민들에게 점점 약해지고 있음을 의미한다. 결과적으로, 이는 사회공동체의 통합과 안정성에 부정적인 영향을 미쳐 체제의 지지 기반을 무너뜨리는 위험 요소로 작용할 수 있다. 즉 설득과 자발적 동의에 의한 충성심 유도 대신 강제와 억압에 의한 사회통합은 안정적인 사회공동체를 형성할 수 없으며, 이는 북한 체제의 한계를 명확히 드러내고 있다.

셋째 '**권력에 의한 강제**'는 여전히 북한 사회에서 강력하게 작동하고 있지만, 인터뷰에 따르면 이러한 강제력은 오히려 주민들의 반발심을 키우고 있었다. 영은 씨(가명)의 인터뷰는 북한 사회의 폭력성이 얼마나 일상적인지를 보여준다. 이러한 강제적인 권력 행사는 오히려 개인의 자발적인 충성보다는 체제에 대한 반발심을 증폭시킬 수 있다. 주민의 동의 없이 권력이 강압적으로 행사될수록 체제에 대한 불신과 저항은 커지고, 사회통합을 위한 공동체 형성도 와해될 수 있다.

"나중에는 국가에 바치려고 집에 있는 그릇이랑 옷까지 팔았어요. 옆집은 살림살이도 다 바쳤고요. 그런데 당에서 곡식 한 그릇도 못 받는데… 세 집 걸러 한 명씩 죽는 거죠. 굶어 죽고, 병 걸려 죽는 거예요. 뭐라도 내놔야 해요. 안 그러면 (군인들한테) 죽도록 맞고, 그렇게 반병신이 되는 거죠…"

- 영은(가명) -

"아니, 그냥 무조건 건너가야만 살 수 있어요. 정신적인 각오가 된 거죠. 저 같은 사람이 많으니까 강하게 처벌해야 도강을 안 하잖아요. 북한군한테 잡히면 죽거나 노동교화소에서 죽도록 일하다가 진짜 죽을 텐데… 그걸 알면서도 가는 거예요."

- 경진(가명) -

더욱이 사회 구성원들의 지지 없이 오직 정신적·물리적 폭력에 의한 통제는 체제에 대한 충성심을 강화하기보다는 두려움과 공포를 조성해 결국 사회공동체로부터의 이탈을 초래할 수 있다.

"우리가 나라(북한)를 위해 뭔가 잘못한 것도 아닌데… 가족이 탈북했다고 우리까지 잡아가는 거예요. 나는 모른다니까요. 그 친척도 먹고살려고 도망쳤겠죠… 억울하게 끌려가는 상황이 되니까… 그 뒤에 한 번 더 그랬는데, 자다가 갑자기 들이닥쳐서 끌고 가면, 혹시 누가 또 탈북했나? 그때부터는 나라에 대한 충성? 그런 거 없어졌어요. 자다가 중간중간 항상 깨고, 이제 북한은 무섭고 두렵기만 한 곳이에요…"

- 인아(가명) -

이처럼 권력에 의한 강제는 개인이 사회 규범을 따르고, 사회질서를 유지하는 중요한 요소이다. 권력에 의한 강제성이 효과적으로 발휘되기 위해서는 사회 규범과 질서에 대한 정당성이 인정되고, 지도자가 구성원들에게 설득력 있게 다가갈 수 있어야 한다. 그러나 북한에서는 권력에 의한 억압이 과도한 방식으로 적용되고 있으며, 이로 인해 주민들은 부당한 권력에서 벗어나기 위해 목숨 건 탈출을 감행하고 있다. 이는 구성원의 지지를 받지 못한 과도한 '권력의 강제'가 더 이상 충성심을 유지하는 데 효과적이지 않음을 시사한다. 즉 주민들이 탈북을 선택하는 것은 체제에 대한 불신이 커지고 있음을 의미하며, 이는 파슨스가 언급한 사회공동체 유지를 위한 충성심의 요소가 무너지고 있음을 극명하게 보여준다. 이러한 현상은 북한 사회의 불안정성을 더욱 심화시키는 요인으로 작용하며, 장기적으로 사회통합과 공동체의 결속력에 악영향을 미칠 수 있다.

> "그게, 뭐… 집에 많이 빚이 졌어요. 우리 옆에는 신병대대가 있었거든요. 그런 국경 경비대 같은 군대들이 많았는데, 슈퍼를 하다 보니 정말 많이 털렸어요. 그 사람들이 훔쳐 가는 것도 있고, 뺏어가는 것도 있었죠. 우리는 무서우니까 달라는 대로 주고 그랬는데, 그게 한두 번이 아니라 정말 너무 많이… 그래서 가정은 점점 어려워졌어요. 진짜 북에서 사는 게 너무 힘들었거든요. 아버지도 병으로 돌아가시고, 병원비랑 슈퍼 때문에 마지막에는 빚까지 지게 됐어요. (군인들한테) 너무 털리다 못해 진짜 가져갈 게 없을 때까지 돈을 다 뺏어가는데… 그래서 저는 생각 끝에 이러다 죽느니 저러다 죽느니 그냥, 중국이나…"
>
> – 민수(가명) –

민수 씨(가명)는 불합리한 공권력으로 가정의 경제적 어려움과 개인적 고통이 가중되었다고 말했다. 가족의 생계를 위협할 정도의 권력 남용은 북한 체제에 대한 사회 구성원들의 자발적인 충성심을 유도하기보다는 오히려 반발심을 고조시켰으며, 결국 탈북에 대한 강한 동기를 부여했다고 했다.

마지막으로, '효율성에 근거한 합리성 측면'에서 볼 때, 사회 규범 및 제도의 비합리성, 그리고 북한 경제 시스템의 붕괴는 주민들 사이에서 체제에 대한 불신을 점차 강화하고 있었다. 파슨스에 따르면 사회 시스템의 유지와 발전을 위해서는 사회통합(integration)과 적응(adaptation)이 필수적이지만, 이러한 환경에서는 사회공동체의 기능이 원활히 작동하기 어렵다. 탈북민들은 인터뷰에서 비효율적이고, 비합리적인 사회구조, '고난의 행군' 이후 지속된 경제적 어려움, 그리고 뿌리 깊은 계급주의로 인한 불평등 심화가 체제에 대한 충성심을 약화시키고 있다고 밝혔다. 그 결과, 이들은 북한 체제가 자신들의 일상생활을 개선할 능력이 없다고 인식하게 되었으며, 비합리적이고 부조리한 사회를 벗어나 새로운 기회를 찾고자 하는 열망을 품게 되었다고 말했다.

> "병원에 가도 제대로 된 치료를 받을 수 없었고, 약도 없고, 약을 사려면 장마당에서 사 오거나 비싼 돈을 주고 들여와야 하는데, 당장 입에 들어갈 죽도 없는데 약을 어디서 구해오겠어요? 그냥 '죽으라는 거구나'… 그렇게 퇴원하고 일주일 만에 남편이 죽고, 아무리 노력해도 삶이 나아지지 않으니, 돈이라도 벌어야 먹고살 수 있죠. 그래서 탈북을 결심했어요."
>
> – 은혜(가명) –

> "어릴 때 먹고 살기 힘드니까 친엄마가 나를 팔았어요. 거기서도 식모 일로 간신히 밥만 먹었죠. 북한에는 상류층과 하류층 같은 게 있어요. 나 같은 사람은 부모한테도 버림받고, 아무것도 없으니까… 그런데 나를 키워준 곳에서도 진짜 먹고살 게 없어 19살이 되는 해에 양엄마가 친엄마가 여기 산다고 하더라고요. 백두산 밑에 있잖아요. 거기… 그래도 낳아 준 정이 있으니까 갔는데, 엄마의 생활이 엄청 어려운 거예요. 이건 내가 식모살이하던 것보다 더 힘들어

요. 동생들은 다 죽고 혼자 사는데 나보고 가지 말라고, 같이 살자고 하더라고요. 그런데 보니까 제가 농장 일을 해야 하는 거예요. 죽을 때까지… (한숨) 계속 농장 일을 하고, 북한은 시집가도 농촌 연고라는 게 있어서 거기서 시집가고 직장 잡고 그냥 계속 살아야 하는데, 내가 못 살겠다고 생각했어요… 그래서 2014년에 도강을 결심했죠."

　　　　　　　　　　　　　　　　　　　　　　　　　　　　　– 명진(가명) –

"내 고향은 청진인데, 2005년에 도강을 했어요. 북한 사람인데, 중국에 있는 브로커가 중국으로 가면 돈을 벌 수 있다고 하더라고요. 여기서는 돈이 없어서 입에 풀칠이라도 하려면 장사든 뭐든 해야 하는데… (중국) 거기서는 한 달만 일하면 중국 돈으로 삼천 원을 받는데, 그건 엄청 큰돈이에요. 북한에서 제 결혼자금을 하고도 남는 돈이죠. 그 돈으로 밑천 삼아 장사할 수도 있는 거고…"

　　　　　　　　　　　　　　　　　　　　　　　　　　　　　– 정은(가명) –

"제가 돌격대에 있었어요. 그때 아는 언니가 나보고 '야, 너 중국 가서 돈 버는 거 어때?'라고 하더라고요. 난 처음에 무서워서 안 가겠다고 했어요. 북한에서는 가면 팔이나 다리를 다 자르고 돼지를 만든다는 소리를 들었기 때문에 안 간다고 하니까, 그건 다 거짓말이라고 하더라고요. 한 석 달만 벌고 오면 북한에서 집 하나 살 수 있다고 했어요. 그래서 거기에 처음에 넘어간 거죠. 중국에 가면 강냉이 바르는 일을 했어요. 옥수수 수확해서 껍질 벗기고, 옥수수 알을 손으로 떼어내는 전 과정을 말합니다. 그걸로 북한에서 집을 살 수 있다는 거였어요."

　　　　　　　　　　　　　　　　　　　　　　　　　　　　　– 민정(가명) –

　　종합적으로 탈북민들은 인터뷰에서 북한 사회의 강압적인 통제로 초반에는 두려움과 공포심이 강했지만, 이러한 상황이 점차 일상화되고 주민들의 탈북이 늘어나면서 체제에 대한 반감을 더 강하게 느끼고 있다고 전했다. 파슨스의 이론에 따르면, 사회공동체가 안정적으로 유지되기 위해서는 정당성(legitimacy), 설득력

(persuasion), 강제력(coercion), 효율성(efficiency), 이 4가지 요소가 균형적으로 작동해야 한다. 그러나 북한 체제는 4가지의 요소가 왜곡된 방식으로 작동하면서 체제에 대한 주민들의 불신을 심화시키고 있으며, 사회공동체의 지속 가능성에도 심각한 도전을 제기하고 있다. 이러한 현실은 북한 사회의 구조적 문제점을 명확히 드러내고 있으며, 사회공동체가 정상적으로 기능하기 위해서는 이러한 충성심의 요소들이 올바르게 작동해야 함을 확인할 수 있다.

제4장 남북 사회공동체의 비교 분석[16]

앞서 밝힌 바와 같이 오늘날 북한의 사회공동체는 이전과 같은 결속력을 보여주지 못하고 있다. 그 이유에 대해서는 다양한 견해, 이를테면 소련의 해체와 동구권의 몰락이 가져온 북한 경제력의 악화, 혹은 그 이후로 생존을 목표로 더 많은 노력을 기울였던 핵 개발과 그로 인한 국제사회에서의 고립 등등이 제시될 수 있겠으나, 파슨스의 논의를 다시 한번 소환해 본다면, 사회공동체의 안정적 유지가 불가능한 상황에서 나타난 자연스러운 결과라고 일갈할 수 있을 것이다. 그는 이른바 '사회공동체(Societal Community)' 이론에서 사회공동체의 안정적 유지를 위한 조건으로 해당 공동체에 대한 성원들의 '충성'을 중요하게 보았고, 여기에서 정당성에 기반한 헌신, 설득을 통한 영향력, 권력에 의한 강제, 효율성에 근거한 합리성이 적절하게 유지되어야 한다는 통찰을 제시했다. 그러나 오늘날의 북한 사회, 혹은 국가와 같은 체계를 갖춘 그들의 (사회)공동체는 점차 '와해'의 방향으로 전진하고 있다.

이와 같은 시점에서 우리가 그들의 사회공동체를 바라보고 그 안에서 자신의 삶을 영위한 경험이 있는 이들의 목소리를 통해 평양의 영향력이 미치는 공간의 특성에 주목하는 것은, 우리가 '통일

---

16 일반적으로 비교는 상이한 대상의 공통점을, 대조는 유사한 대상의 차이점을 드러내어 설명하는 방법이다. '차이점을 강조'하는 것이 대조이고 '공통점을 강조'하는 것이 비교라고 할 수 있지만 공통점과 차이점 모두가 '비교'의 범주에 속할 수 있다는 것이 우리 사회에서 넉넉하게 인정된다. 이와 같은 견해에 힘 입어 이 부분에서는 '비교'라는 단어만을 사용하였다.

(Re-Unification)'과 연결된 일련의 고민을 여전히 유지하고 있기 때문이다. 북한 주도의, 혹은 그들이 표방하는, 이른바 '적화통일'은 우리가 생각하는 통일과 전혀 다르다. 또한 그와 같은 통일의 양상은 우리에게 있어 고려의 대상이 아닐 뿐만 아니라, 더욱이 '인류 보편의 가치 증진'이나 '개인 권리의 보장' 등의 고차원적 지향점, 방향성 등과도 어울리지 않는다. 그러한 입장에서 그들이 가지고 있는 통일론이 한반도의 통일에 적용된다는 것은 상상할 수도, 또한 상상하기도 싫은 불안한 미래다.

한편, 그들의 공동체와 우리의 공동체를 함께 비교하는 부분 역시 마찬가지 이유에서 전개되는 작업임을 주지할 필요가 있다. 결국 우리가 논의하는 통일은 자유·민주·공화주의를 국가의 이념과 사상, 철학으로서 표방하고 있는 대한민국의 주도로 이루어지는 것을 상정하고 있기 때문이다. 따라서 '포용'의 주체가 될 가능성이 높은, 혹은 그 외의 상황을 고려할 필요가 없는 우리의 입장에서 그들이 존재하였고 동시에 그들의 삶이 펼쳐졌었던 그곳의 공동체를 이곳의 공동체와 더불어 바라보는 것은 통일을 향한 여정 가운데서 필수적이다.

물론 일각에서는 김정은의 '대한민국 발언'과 관련하여[17] "통일이 그만큼 더 멀어진 것이 아닌가?" 정도로 수렴하는 탄식이 일어

---

17 북한의 김정은 국무위원장이 2024년 1월 8~9일에 중요 군수공장을 방문한 자리에서 "대한민국 족속들을 우리의 주적으로 단정"한다는 발언이다. 이전까지 북한에서는 우리를 남조선, 남한, 남측 등으로 불렸는데 그가 우리의 정식 국호인 '대한민국'이나 '한국'을 사용했다는 것은, 통일을 하지 않아도 되는 관계, 곧 남북한의 현재를 민족과 민족 간의 특수한 관계를 탈피한 국가와 국가의 관계로 규정했다는 의미였다.

날 수도 있지만, 그와 같은 입장은 우리의 입장이 아닌 북한의 입장이라는 점을 염두에 둘 필요가 있다. 설령 그들이 오늘의 남북관계를 그와 같은 개념으로 전환한다고 하더라도, "통일을 지향하며, 자유민주적 기본 질서에 입각한 평화적 통일정책을 수립하고 이를 추진하는" 대한민국의 입장은 여전히 유지되고 있기 때문이다.

이러한 배경을 기반으로 여기에서는 남과 북의 공동체를 공통점과 차이점을 중심으로 비교한다. 또한 그 비교의 대상을 사회공동체로 상정하되 그 층위를 국제사회에서 인정하는 국가적 단위, 곧 대한민국과 조선민주주의인민공화국으로 설정한다. 이 과정에서 일견 지나친 일반화의 오류가 발생할 수도 있고 다소 거친 분석이 이어질 수도 있겠으나, 다양한 위계에 놓여있는 다양한 공동체를 모두 고려하다 보면 자칫 미시적 관점이 주는 혼란만이 남을 수도 있을 것이다. 또한 여기에는 있고 저기에는 없는, 혹은 그 반대의 경우에도 마찬가지로 비교 자체를 할 수 없어 분석 자체를 할수 없는 '판단 불가'의 상황에 놓일 수 있다. 이는 '간과'를 배태한 것이라기보다 원자적 사실의 덩어리인 '복합 사실'의 발견을 위한 장치이며 그를 통해 직관과 통찰을 얻기 위한 불가피한 선택이다.

① 공통점

우선 남과 북의 공동체를 분석하면서 '공통점'을 열거해 보면 세 가지 정도의 논의를 전개할 수 있을 것이다. 첫째, 그곳에 '사람'이 있다는 것이다. 둘째, 거기에 '이윤'이 있다는 것이다. 마지막으로 셋째, 그 안에 '신념'이 있다는 것이다. 이는 각각의 공간에서 사회공동체가 여전히 유지되는 가장 중요한 기제로 작동한다. 더 나아가 각각의 사회공동체가 국제사회로부터 인정받은 '국가'로 존속할 수 있도록 하는 주요한 요인으로 작용한다.[18]

첫 번째 공통점으로서 '사람'의 존재

어찌 보면 당연한 진술이라고 느껴질 수도 있겠다. 그러나 이 부분은 반드시 짚고 넘어가야 할 점이다. 국가, 사회, 집단, 조직 등의 공동체에 소속된 구성원이 있다는 것은 그 공동체의 구성은 물론, 존속 여부까지도 결정한다. 이는 우리의 역사를 통해서도 분명하게 알 수 있는 부분이다.

1910년 8월 29일 한일병합조약으로 대한제국이 멸망하고 한반도 전역이 일본의 식민지가 된 '경술국치(庚戌國恥)'가 1945년 8월 15일 일제의 패망과 함께 극복된 역사가 있었다. 약 36년의 기간 동안 나라의 주권이 없어졌고, 일본 제국주의자들이 내세웠던 '내선일체(內鮮一體)'라는 허울이자 멍에가 우리에게 씌워지면서 우리의 국토마저도 그들의 영역으로 인정되었던 시기였다. 그러나 비교적 온전하게 남겨졌던 것은 '백성', 곧 '조선', 그리고 '대한'이라는 정체성을 가진 한반도의 사람들이었다. 이들은 일제의 강압적이고 비인간적인 차별과 억압 속에서도 자신이 누구인지, 자신이 어떤 공동체에 속해 있는 이들인지에 대해 망각하지 않았다. 비록

---

18 물론, '조선민주주의인민공화국' 곧 북한은 대한민국의 헌법을 판단 기준으로 할 때 '국가'가 아니다. 이 부분을 서술한 연구자는 그와 같은 입장을 매우 적극적으로 인정한다.

일제에 협력하는 '민족 반역자'들이 점차 늘어나 일제의 민족말살 정책이 성공 가도를 달리고 있는 것처럼 보이기도 했지만, 국내외 여러 곳에서 실력양성운동, 무장투쟁 운동 등이 들불처럼 일어나면서 일제강점기는 막을 내렸다.

이를 통해 확인할 수 있는 것은 주권을 빼앗기더라도, 혹은 들을 빼앗겨 봄이 찾아올 공간이 없더라도, 그를 되찾아올 의지가 있는 '사람들'이 존재한다면 그 공동체는 언젠가 회복될 수 있다는 점이다. 마찬가지로 남과 북에 사회공동체가 존재한다는 것은 그곳에 사람들이 존재한다는 것을 방증한다. 그 공동체가 어떤 특징을 가졌는지, 또 어떤 규모를 보이고 있는지에 관계없이, 그곳에 사람들이 있다는 공통점을 발견할 수 있다는 것이다.

더불어 각각의 공동체에 사람이 있다는 것은, 그 안에 '위계'라는 개념 역시 자연스럽게 성립돼 있다는 진술로 이어질 수 있다. 흔히들 이상적인 진술로서 사람은 모두 평등하다고 이야기하지만, 공산주의와 자본주의, 권위·독재주의와 자유·민주·공화주의의 이념과 무관하게 사람 위에는 사람이 있고, 사람 아래에는 사람이 존재한다. 다시 말해 대한민국과 조선민주주의인민공화국이라는 공동체에는 '사람'이 있고 그들 사이에서 공유되고 인정되는 '위계'가 존재한다는 공통 분모가 있다.

두 번째 공통점으로서 '이윤'의 존재

남과 북에 성립된 각각의 공동체에는 분명한 이점이 존재한다. 다시 말해, 그 공동체에 속해 있다는 사실 자체로 얻을 수 있는 장점이 있다는 것이다. 이는 개인이 가진, 혹은 해당 인원이 즉각적으로 손쉽게 활용할 수 있는 인적 · 물적 자원이 그곳에 펼쳐져 있다는 사실에 기반한다. 북한을 고향으로 둔 많은 이들이 '고향에서도 먹고사는 문제가 해결될 수 있었다면 사선(死線)을 넘지 않았을 것'이라는 진술을 하는 것은, 단순히 고향에 대한 애착이나 남한에서의 삶이 팍팍함을 고백하는 차원을 넘어, 그들이 이윤을 발생시킬 수 있는 핵심적 자원이 그곳에 있었음을 지칭하는 것일 수 있다.

'사선(死線)'을 넘는 일과 동등한 위치에서 비교할 수는 없을 것이지만, 남한을 고향으로 둔 이들에게도 공동체를 변경하는 움직임은 개개인에게 상당한 용기를 요구한다. 이를테면 오랫동안 살아왔던 지역을 떠나 이사를 가는 일은 결코, 쉽지 않은 결정이다. 한동안 다녔던 회사를 떠나 다른 회사로 이직하는 것 역시 어려운 일이다. 물론 새로운 곳에서의 '처우'가 그러한 도전을 감행할 수 있도록 하는 용기를 부여할 것이지만, 공동체를 옮김으로써 발생할 수 있는 다방면에서의 이익이 그리 크지 않다면 굳이 추진할 필요가 없는 일이다.

이러한 측면에서, 우리가 언급하고 있는 '이윤'은 비단 물질적인, 금전적인 측면의 이익만을 이야기하는 바가 아니다. 이 이윤에는 눈에 보이지 않는 '가치적 차원'의 이윤도 포함된다. 어쩌면 그 지점이 공동체의 변경을 촉진하는 핵심적인 기제로 작동할 가능성이 크다.

실제로 북한에 있는 고향을 떠나는 것은 그 무엇과도 비교하기 어려운 수준의 담대함을 요구한다. '탈북'이라고 불리는 행동은 인간에게 있어 가장 가치 있는 자산인 자신의 '목숨'을 걸고 전개하는 움직임이다. 이곳에서의 이윤이 저곳에서의 이윤보다 적다고 판단될 때만이 할 수 있는 일이다.[19] 자칫 목숨까지도 잃을 수 있는 이 계획을 결단하는 것은 현재의 삶을 던져 새로운 삶을 얻겠다는 일종의 '도박'에 가깝다.[20] 여기에 기존의 생활세계가 개인에게 부여하고 있었던 정치적, 사회적, 경제적, 문화적 기반까지도 모두 포기하는, 이른바 '올인'과 같은 행위다.

북한의 2세대 최고지도자였던 김정일 위원장도 결국 '이윤'을 중심에 둔 통치 전략을 구사했다. 고난의 행군 당시 300만에 이르는 아사자가 발생했음에도 북한의 핵 개발은 계속됐다. 아사히 신문 칼럼니스트로도 잘 알려진 후나바시 요이치는 그와 같은 김정일의 움직임을 두고 '최후의 도박'이라고 표현했을 정도다.[21] 많은 이들의 기대와 다르게 그가 핵 보유를 향한 의지를 자신의 최후까지 붙잡고 있었던 것은 그를 통해 자신의 이익을 영구히 유지하려는 목적, 궁극적으로는 그가 머무는 거기에 그의 이익이 있었기 때문이었다.

---

19 바꿔 말하면, '탈북'을 하지 않고 아직 그곳에 머물러 있는 이에게는 어떠한 이유에서든 지 그곳에 머물게 됨으로써 얻는 이윤이 더 크다는 사실을 방증한다.

20 '도박'이라고 표현한 것은, 그들의 그러한 움직임, 곧 '탈북'에 필요한 담대함을 표현하기 위함이지 그 자체가 '도박'과 같다고 주장하는 것이 아니다.

21 후나바시 요이치, 『김정일 최후의 도박』, 중앙일보시사미디어(2007).

세 번째 공통점으로서 '신념'의 존재

이것은 굳게 믿는 마음인 '신념'일 수도 있고, 어떤 것을 이상적으로 여기는 생각이나 견해를 뜻하는 '이념'일 수도 있으며, 공동체의 사명을 완수하고 비전을 달성하는 과정에서 구성원이 옳다고 믿거나 그들이 공유하는 가치관을 지칭하는 '핵심 가치(Core Value)'일 수도 있다.

개인과 개인, 즉 친구나 지인 사이와 같은 낮은 단계의 관계일지라도 그들이 긴밀한 관계를 맺고 있다면, 그들 사이에는 공유하는 신념이 있다고 볼 수 있다. 이는 양자의 결속을 도모하는 촉매제로 작용하기 때문에, 이러한 사실은 일견 자명한 일에 가깝다. 그 관계의 수준이 확장되어 조직이나 집단, 사회나 국가를 이루는 경우도 마찬가지이다.

이는 공동체에 속한 이들 사이에서 자생적으로 출현할 수도 있고, 그들보다 더 높은 권위를 가진 개인이나 위계 상 높은 곳에 존재하는 집단 등에 의해 제시된 것일 수도 있다. 혹은 공동체의 구성원들이 한데 모여 나름의 숙의를 거친 이후 그들 전체에게 공포(公布)하는 형태로 구체화할 수도 있다.

남한의 경우, 헌법에 명시된 가치로서 천부인권의 사상을 담은 '자유주의'와 주권재민의 원칙을 구현하는 '민주주의', 절대권력의 해체를 통한 권력분립을 주창하는 '공화주의'가 공동체의 기본적인 신념으로 작용한다. 이를테면 동네의 작은 배드민턴 클럽에도 명목상일 수는 있으나 '정관(定款)'이 존재하며 그 안에는 회원의 자유로운 활동과 다수결에 의한 의사결정, 감사(監事) 조항을 명시

할 정도다.

북한의 경우, 그들이 말하는 소위 '국호(國號)'에 민주주의와 공화주의를 표방하고 있으나, 실제적으로는 사회주의 혹은 공산주의, 권위주의와 독재주의가 점철된 모습을 보여주고 있다. 또한 주체사상을 내세우고 있으나 "인민의 나라에 인민은 어디 가고 군대만 남았는가!"라는 일갈이 보여주는 것처럼 그마저도 퇴색되고 말았다.[22] 현재는 2012년 4월 11일 당규약 개정을 통해 "조선로동당은 위대한 김일성-김정일주의를 당 건설과 당 활동의 지도적 지침으로 한다"라고 하면서 이를 완성된 혁명사상으로 제시하였다. 개인 차원의 공동체가 만들어지기 어려운 북한의 공동체는 이전 세대 최고지도자 두 사람의 이름을 딴 이념 아래에 성립될 수밖에 없는 실정이다.

이처럼 서로 다른 형태를 가지고 있지만, 그 공동체 각각에는 분명한 내용이 있는 사상적 체계가 존재한다. 물론, 이 부분은 현실과의 조우를 통해 현실 세계(real world)에서 구현되지 않을 수도, 공동체 구성원들의 마음에 깊게 뿌리내리지 못할 수도 있다. 때때로 '이윤'에 뒤지는 모습을 보이곤 할 정도다. 오늘의 상황에서 개인에게 중요한 것은 '이념'보다는 '이윤'이기 때문이다.

② 차이점

남과 북은 오랜 시간 동안 떨어져 지내온 만큼 서로 다른 모습

---

22 신일철, 『북한 주체사상의 형성과 쇠퇴』, 생각의 나무(2004).

으로 살아왔다. 각기 다른 정치 체제와 경제 체제, 그리고 이에 영향을 받는 사회문화적 분위기는 '민족 동질성의 회복'이라는 통일 담론의 힘을 약화시켰다.

사회공동체의 모습 역시 앞서 언급했던 진술과 같은 이유로 인해 분명한 차이를 보이게 됐다. 북한의 경우, 그들의 '도시 계획'마저도 사회주의 이념에 기초한 원칙에 의해서 수립됐을 정도로 개인보다는 언제나 집단을 우선했다. 정부의 통제에 따른 도시 개발 과정에서는 공간의 균등한 배치를 강조하고, 직주근접을 우선 고려하며, 공동생활의 기초 단위로 '마이크로 디스트릭트(micro-district)' 즉, 최소 단위로 묶이는 생활 구역을 설정한다. 또한 도시의 중앙에는 상징물을 배치하여 이념적 학습의 장소로 구성하는 기본 방침이 설정되어 있다.[23] 이는 생활 공간까지 '혁명'을 완수하기 위한 장치로 활용되었다는 의미로, 도시 계획을 포함한 지역 개발의 정의와 목표가 주민의 '편리한 생활'에 중점을 둔 남한과 근본적으로 달랐다. 결과적으로 두 사회공동체는 각 지역에 정부가 수립된 직후부터 서로 다른 모습을 보일 수밖에 없었다. 각 공동체에 속한 개인이 마주한 환경적 요소가 전혀 달랐기 때문이다.

신념의 구현 방식

이것은 개인의 지향점, 방향성, 정체성의 '구현' 혹은 '발현'과 관련된 이야기다. 남한에서는 개인이 가진 신념이 공동체 안에서

---

23 James H. Bater, The Soviet City, Sage, Beverly Hills(1980), 주종원 · 김현수, "북한의 주거지 계획에 관한 연구", 「국토계획」(1993).

자유롭게 표출될 수 있으며, 국가의 기본 철학이 '자유'를 최대한 보장하기 위한 내용으로 가득 차 있기 때문이다. 물론, 남한에서도 권위주의와 독재주의를 지지하는 세력이 집권했던 시기에는 북한과 유사한 모습을 보이기도 했다. 또한 유신을 거쳐 신군부 세력이 통수권을 행사하던 시기에는 개인의 신념을 구현하는 것이 상당 부분 제한되었고, 오직 정권에 충성하는 모습만이 생존을 위한 필수 요소로 여겨졌다.

현재 주권자 스스로 쟁취한 '헌법적 가치'의 보장이 비교적 단단하게 뿌리를 내리고 있음을 확인할 수 있다. 1960년의 4·19 혁명과 1980년의 5·18 민주화운동을 거쳐 이른바 '87년 체제'가 탄생하였고, 민권이 점차 증진되는 시대를 맞이하게 되었다. 이후 개인의 신념은 각자가 가진 수단과 방법을 통해 더욱 자유롭게 발현될 수 있었다. 이러한 여건 속에서 남한의 사회공동체는 신념의 구현에 대해 더 많은 자유를 허락하였다. 이 과정에서도, 그리고 현재에도 '반(反)민주 세력'의 훼방과 공작, 독재에 가까운 모습이 나타나지만, 남한의 사회공동체는 개인의 신념을 구현하는 행위에 대해 크게 제한을 두지 않는다.[24]

반면 북한의 사회공동체는 개인이 가진 사상이나 철학이 사회 전체에 확산하는 것을 방지하고자 한다. 북한이 지역 사회 단위에서 집합주의적 생활 양식을 적용했다는 것은 이를 충분히 증명한

---

24 남한에 존재했던 권위주의적 독재정의 수장들에 대한 찬양과 고무, 미화 등이 전개되더라도 '표현의 자유'라는 개념 아래에 용인하는 원칙을 준수하기 때문이다.

다.[25] 이와 같은 방향은 주민을 하나로 묶기 위한 수단이며, 궁극적으로는 관리와 통제를 용이하게 하기 위한 정책적 선택이다. 실제로 북한은 거주 이전과 여행을 제한하여 공동체에서의 이탈을 방지하고, '인민반'을 조직하여 성원의 동원을 용이하게 하는 한편, 개개인의 모든 행위를 통제하고자 하였다. 인민반은 북한 인민들에 대한 사상적 고양과 각 인원의 동태를 감시하도록 설계되었고 이는 그들의 공적 영역과 사적 영역을 혼합되도록 만들었다.[26] 자연스레 북한의 사회공동체는 친밀하면서도 서로 경계하고 조심하는 이중적 관계를 형성하게 된 것이다.[27]

이와 같은 북한의 사회공동체 속에서 개인의 신념 표출은 상당 부분 제한될 수밖에 없다. 물론 이들 사이에서도 더 가까운 관계의 '동무'들이 모여 무리를 이루고 공동체라 불릴 수 있는 일종의 조직을 형성할 수는 있겠으나, 그것이 사회의 변동이나 체제의 전환을 일으키지는 못하고 있다.

북한의 사회공동체에서 신념의 발현은 오직 당과 김씨 일가에 대한, 즉 가장 위계가 높은 공동체의 '무궁한 영광'을 위해서만 존재할 수밖에 없다. 만약 개인이 자신의 신념을 사회가 요구하는 대로 맞춘다면, 다시 말해 북한이라는 집단 전체의 방향성, 지향점, 정체성과 자신의 그것을 일치시킬 경우에는 개인의 신념이 현실

---

25 장세훈, "북한 도시 주민의 사회적 관계망 변화", 「한국사회학」(2005).
26 박인권, 최봄이, 최고운정, '통일을 대비한 북한의 주거환경 및 지역공동체 조사', 서울대학교 통일평화연구원 · 서울대학교 환경계획연구소 · 포용적 계획-정책 연구실(2021).
27 김윤애, '북한의 사회적 관계와 주민 사회화 과정의 메커니즘 : 국가주의 통합을 중심으로', 「북한학보」(2016).

세계에서 구현되었다고 볼 수 있을 것이다. 그렇지 않을 경우, 북한의 사회공동체 구성원들이 취할 수 있는 행동은 겉과 속이 다르게 살아가도록 자신을 위장하거나, 사회정치적 생명력의 박탈과 생물학적 생명력의 상실을 인정하는 것뿐이다.

권력의 부여 방식

남한에서 '권력'의 부여는 다양한 방식으로 이루어진다. 여기서 권력은 '무엇인가를 할 수 있는 힘' 정도로 넓게 정의할 필요가 있으며, 가장 일반적인 형태의 권력은 정치적 차원에서 이해된다. 이는 민주주의 작동의 기제인 투표를 통해 '선출'이라는 과정을 거쳐 성립된다. 이 때문에 남한의 사회공동체에서 정치권력은 화무십일홍(花無十日紅)과 권불십년(權不十年)이라는 말과 함께 유한한 것으로 간주한다. 아무리 대통령이라고 하더라도, 그가 모든 것을 자기 뜻대로 해서는 안 되는 이유이다.

시일이 정해져 있지 않은 무한한 권력의 부여는 '세습'을 통해서만 가능하다. '세습'을 통한 권력의 승계는 혈연관계, 학연(學緣), 지연(地緣)을 중심으로 일어나며, 권력의 '증여'를 통해 증여자가 자신의 미래를 의탁하는 형태로 이루어진다. 소유와 경영의 분리가 이루어지지 않는 이익집단이나 종교집단에서는 주로 혈연에 기반하며, 일본과 같이 가족 간 세습이 불가한 경우에는 지연에 의한 '후계자'를 세운다. 다만 이 경우에도 국가가 정해놓은 법의 테두리를 넘어서서는 안 된다. 권력의 부여는 조금은 복잡한 형태로 진행되도록 최소한의 절차적 정당성을 설정한 것이다.

이에 비해 북한의 사회공동체에서 권력의 부여라는 과제는 단순하게 이루어진다. 그 사회공동체에서 권력은 오직 한 사람에게 만 존재하기 때문이다. 이 공동체에서 권력은 김일성, 김정일, 김 정은으로 이어지는 소위 백두혈통이라 불리는 이들의 전유물이다. 자연스럽게 권력은 '세습' 혹은 '증여'를 통해 부여된다.

문제의 해결 방식

사회공동체에서 문제가 발생했다는 것은 필연적으로 정치적 견해의 성립으로 귀결된다. 이는 '직업으로서의 정치'라는 좁은 영역만을 의미하는 것이 아니라, 두 사람 이상이 한 장소에 존재할 때 발생하는 사람들 간의 관계성까지 포함된다. 즉, 나와 같은 의견인지, 아니면 다른 의견인지에 따라 구분되는 부분이다.

남한 사회에서 정치적 견해가 다르다는 것은 '그럴 수 있는 일'이다. '견해'의 수는 인구 수와 같다고 할 수 있을 정도다. 또한, 사상의 자유가 허용되거나 '인정'되는 나라에서 다른 생각을 가진 이들이 충돌하는 문제는 자연스러운 일이다. 만약 어떤 문제가 발생했다면, 해당 문제가 발생시킨 '정도'의 차이에 따라 합의할 것인지, 아니면 법의 심판을 받을 것인지 선택하는 것만 남는다. 인간에게 필수적인 '먹고사는' 문제에 대해서도 마찬가지다. 만약 이 문제가 특정 개인에게 '문제'로 드러날 경우, '사회보장'이라는 비교적 튼튼하게 직조된 안전망을 활용할 수 있다. 그러나 북한의 경우, 그들의 사회공동체에서 발생한 '문제'는 일종의 '죄악'으로 분류될 가능성이 크다. 하나의 철학, 하나의 이념, 하나의 사상에 따라 오직 하나의 목표만이 존재하는 사회이기 때문이다. 따라서 분쟁은 존재할 수 없는 일이다.

물론, 사람이 살아가는 공동체로서 송사(訟事)가 없을 수는 없기에 민사 및 상사 관련 분쟁 해결을 위한 재판제도와 중재제도를 두고 있다. 그러나 그들이 재판제도를 유지하는 이유는 사권의 확정과 실현이 아니라 사회공동체의 핵심적 이익을 보호하는 데 있다.

북한의 민사소송법이 가진 기본 입장 역시 사회주의적 소송관에 입각하여, 최상위의 사회공동체가 인민에게 부여하는 '시혜의 산물'로 존재한다. 궁극적으로 북한에서 소송의 결론은 분쟁 당사자의 이익을 추구하기보다는 중앙집권적 통일성과 결부되어 재판소의 지도 통제에 따른 직권탐지주의를 원칙으로 한다.[28]

한편, 북한의 사회공동체에서 앞서 언급한 '먹고사는' 문제의 해결은 이미 불능의 상태에 가까워졌다. '고난의 행군' 이후 현재까지 북한은 만성적인 식량난에 시달리고 있다. 이 문제의 해결은 다른 분야에 투입되는 재정의 전용이나 전환을 통해 가능할 수도 있지만, 앞서 언급한 바와 같이 그들의 사회공동체가 가진 목표는 인민의 복리후생 증진에 있지 않다. 이러한 공동체 지도부의 입장을 확인한 구성원들은 북한 내부가 아닌 외부에서 자신의 문제 해결을 도모하고자 한다. 현재 남한에 살고 있는 북한 출신의 이들은 이러한 북한 사회공동체의 실상을 여실히 보여주는 살아있는 증거다.

---

28   류승훈, '북한에서의 민상사 관련 분쟁 해결을 위한 법 시스템', 「평화학연구」(2010).

전주람

제2부

(북한이주민들의
증언으로 살펴보는)
사회공동체 내러티브

제1장 친하면 우리집 비밀번호 알려줍니다.
(라선, 2018년 입남, 30대 초반, 여성)

> 2018년 중국을 거쳐 한국에 입국했습니다. 2023년 한국에서 한국 출생 남성과 결혼하여 가정을 꾸렸습니다. 북에 계신 어머니의 가르침에 따라 자기 분량만큼만 살아간다는 것이 제 철칙입니다. 식당에서 음식이 남아도 가져오지 않고, 공부가 너무 어렵다면 조금 낮은 수준의 과목을 선택하여 자신을 괴롭히지 않습니다. 간호사가 되려다가 사회적 인식과 급여가 낮은 간호조무사를 선택했습니다.
>
> 친한 사람들에게는 제 집 비밀번호를 알려주는 허물없는 관계를 맺으면서도 소수의 사람과만 친밀한 관계를 유지하는 방식을 선호합니다. 저는 무더운 여름에 시원한 물과 선풍기만으로도 충분히 휴식을 취하며, 제 위치와 수준을 명확히 인지하고 제가 할 수 있는 일에 감사하며 살아가고 있습니다.

정 : 2월쯤에 왔어요. 2018년이에요. 고향은 함경북도고요. 일단 중국을 거쳐서 5개월 뒤에 한국으로 들어왔습니다. 얼마 전에 신혼집을 꾸렸어요. 여기 한국분과 함께 살게 되었어요.

전 : 북한 사람들의 공동체 문화나 인간관계 맺는 문화가 여기와 어떻게 다른지 생각해 보게 되었어요.

정 : 아, 우리 사람들은 "기다렸어요"라고 자주 말해요. 언제 만나는지 (웃음) 다음에 보자는 게 인사치레더군요. 그런 점이 좀 달라요. 전반적인 분위기는 확실히 북쪽이 정이 많다는 게 사실인 것 같아요.

전 : '정이 많다'라는 것은 예를 들면 어떤 상황을 보고 그렇게 판단하는 건가요?

정 : 요즘은 거의 다 아파트에 살잖아요. 아파트에 들어가면, 그때는 솔직히 집이 어디쯤인지 알고는 있지만 정확히 어딘지는 모르고 살거든요. 정확한 주소는 서로 모르는데, 북한 같은 경우는 서로 간에 왕래를 잘해요. 저희는 그 집에 가서 얘기하다가 밥 먹고 오는 걸 의례적인 일로 생각해요. 여기는 식당 가서 밥 먹고 커피 마시는데, 거기는 커피숍이 그렇게 없으니까, 식당에서 밥 먹는 일이 거의 없거든요. 사실 경제적으로도 그렇게 쉽지 않고 (북에서는) 친구와 그렇게 친하지 않아도 만나서 놀다가 친구 집에 가서 밥 먹고, 또 우리 집에 와서 먹는 것은 그렇게 어려운 일이 아니었어요.

전 : 근데 거기서도 친한 사람만 집에 오게 했을 거 아니에요?

정 : 네, 그렇기도 하죠. 그런데 예를 들면 동네에서 100가구 산다 하면 다 친하지 않잖아요. 솔직히.

전 : 그렇지.

정 : 내가 봤을 때 우리 동네 한 150가구 살았던 거 같아요. 시골이었는데 그러면 그 150가구 중에서 한 100가구 정도는 얼핏 집을 한 번씩은 다 들어가 봤다고 보면 돼요. 그 정도로 진짜 나랑 나이 세대 차이가 너무 난 어르신들이 아닌 이상은 집에 누구 들어오는 거에 대해서 거부감이 없어요. 저희 그 동네에서 아무리 안 친하고 해도 집에 무슨 볼일 보러 올 수 있잖아요. 솔직히 밖에서 얘기할 수 있는 상황이 안 되기도 하거든요. 환경이 그렇게 안 돼 가지고 만날 수 있는 장소가 따로 있지 않다 보니까. 그냥 다 집에 가서 만나는 거예요. 그냥 누구 아이 엄마 어쩌고, 저쩌고 이러면서 우리 집에 들어가 얘기하자고 하거든요. 그런 분위기다 보니 저 사람은 우리 집에 들어오면 안 되는데 이런 게 전혀 없어요.

전 : 그렇군. 그러면 누가 집에 온다고 그래도 막 집 청소하고 이런 거 별로 없겠네. 여긴 누구 온다고 하면 신경도 쓰이고 청소하기에 바쁘거든. (웃음)

정 : 그런 게 없어요.

전 : 그냥, 이렇게 좀 허물없이 지낸다고 보면 될까요?

정 : 맞아요. 그러니까 어찌 보면 여기 (한국 사람들은) 자기 집안을 좀 더 잘 보

이려고 노력한다는 게 맞겠죠. 그런데 우리 고향에서는 그런 게 없어요. 예를 들면 아침에 늦잠 자고 일어나서 이부자리 치우지 못했더라도 동네 아줌마가 오면 같이 쉴 수도 있죠. 그런데 그럴 시간이 없이 들어왔다면 그냥 그대로 얘기하는 거죠.

전 : 그런 문화군요. 그럼 북한 문화권에서 살다가 여기 오니까 어때요?

정 : 저 같은 성향은 남의 집에 잘 가지도 않는 성향이 있긴 했어요. 사람들이 우리 집에 우르르 와서 막 이런 걸 별로 즐기지도 않는 성향이었거든요. 저는 사실 여기 와서 그렇게 불편했던 적은 없거든요. 근데 (한국) 우리 집에 오는 사람이 기껏해야 친한 친구 한두 명 정도, 한 명이죠. 그냥 비밀번호 알고 들어올 수도 있어요. 친구가요. 그렇다고 우리 집에 대해서 막 또 거부감도 사실 없어요. 오려면 올 수 있죠. 불편한 건 없어요.

전 : 출근했을 때 (친구가) 이렇게 집에 (비밀번호 찍고) 들어오는 거 신경이 안 쓰여요?

정 : 그만큼 또 친하니까 괜찮죠. 베프니까, 그냥 나 몇 시에 간다, 뭐 있으니까 먹고 가라 그러죠. 그런 거에 대해서는 신경이 안 쓰여요.

전 : 근데 어떻게 보면 (새로 결혼하여 꾸린) 가정생활도 있고, 네, 프라이버시도 있잖아요.

정 : 그죠. 아무래도 지금에 와서는 가족을 꾸려가지고 조금 덜 하죠. 상대 쪽에서도 제가 결혼하고 그랬으니까 잘 안 오지만 어쨌든 혼자일 때는 더 자유로웠죠. 제가 지금 사는 집이 되게 작거든요. 원룸이에요. 뭐 그렇다고 큰 집에 산다고 쳐도 친구들 놀러 온다 해도 저는 그런 거에 대해서 신경 안 쓰여요.

전 : 별로 꺼리거나 그런 게 없다. 그러니까 집 안으로 들어가는 게 여기랑 거기랑 문화가 많이 다르네요.

정 : 그렇죠. 확실히 그렇습니다.

전 : 여기는 조금 공식적인 관계이고, 개인 사생활이 좀 뚜렷한 편인 것일 수도

있겠네요.

정 : 맞아요. 거기가 마을 중심 문화인 게 확실하죠. 마을 중심으로 돌아가는 동네예요. 김치 같은 걸 하면 동네 아줌마들이 밥을 들고 와서 같이 먹고, 일하는 친구들끼리 집에서 놀기도 해요. 제가 보기에는 서로 왕래하는 문화가 일자리와도 연관이 있는 것 같아요. 우리는 65세가 넘어도 일하시는 분들이 많잖아요. 그런데 북쪽은 일자리가 그렇게 많지 않아요. 결혼해서 부양가족이 되면 대부분 집에 있게 되죠. 전업주부는 솔직히 일이 없는 거예요. 물론 결혼한다고 다 그런 건 아니지만, 시골 같은 경우는 일이 없고 집에서 내조하는 경우가 많죠.

전 : (북한에서) 호텔에서 일했잖아요. 만약에 거기서 결혼했다면, 결혼해도 그호텔에 계속 있을 수 있는 분위기였나요?

정 : 있을 수는 있어요. 네, 다닐 수는 있는데, 일하는 직종들이 많이 제한적이죠. (여자가 결혼했다고) 압박 같은 건 전혀 없지만, 고용주 같은 경우에는 여기도 마찬가지로 나이가 어린 갓 졸업생을 선호해요. 결혼한 사람이 있다면 그래도 미스를 뽑지 않을까요? 그런 편향적인 게 좀 있어요.

전 : (인간관계 측면에서) 여기 내려와서는 어땠어요?

정 : 솔직히 이게 성격 차가 많이 나는데, 북쪽에서도 활발하게 활동하셨던 분들은 남쪽에 오면 좀 다를 것 같아요. 저는 원래 좀 있어도 없는 듯한 사람이어서요. (웃음)

전 : 아, 원래 조용하실 것 같아요.

정 : 그래서 어떤 측면에서는 이쪽 문화가 참 잘 맞는다고 느낄 때가 있어요. 고향에서 오셨다고 해서 다 그런 건 아닐 것 같고, 저 같은 성향의 사람에게는 오히려 남한의 환경과 문화가 조금 더 잘 맞지 않나 싶어요. 그래서 저는 사실 좀 편하긴 해요.

전 : 남북이 아니라 개인차일 수 있는 거네요.

정 : 교회 가면 고향 분들이 많아요. 아줌마들 목소리도 엄청 높고 옆 사람 신경

안 쓰는 분들도 계세요. 그분들을 보면 여기 남한에 와도 여전하시구나, 이런 생각이 들어요. 그런데 왜 이렇게 언성이 높아야 할까요? 여기 분들, 특히 서울 여성분들, 남성분들은 말 살살 하잖아요. 들릴 듯 말 듯하죠. 그런데 우리 고향 분들이 커피숍에 갔다 오면 고성이 막 올라가요… 본인이 느끼지 못해요. 흥분되면 솔직히 불편할 때가 많거든요.

전 : 그건 왜 그럴까? 나도 경험한 적이 있어요. 언제 북한에서 오신 분들과 북촌 커피숍에 여러 명 같이 갔었거든요. 한 5~6명 됐어요. 나만 한국 출신이고 모두 고향 분들이었는데, 한 2~3시간 지나니까 목소리가 너무 커져서 다 난리가 났어요. 주인도 오고… (웃음)

정 : 그죠. 그게 꼭 나이 때문만은 아니에요. 어린 분 중에서도 그런 분들이 꽤 많아요. 저는 주위 사람들한테 피해 주는 걸 별로 안 좋아하다 보니 조용한 편인데, 커피숍 같은 데서 그렇게 하면 안 되죠. 처음에는 "조금만 목소리 낮춰주면 안 돼요?"라고 말해주곤 하는데, 또 그런 걸 별로 안 좋아하더라고요.

전 : 그렇군요. 어떤 분들은 뭐 어떠냐고 그러시더라고요.

정 : "어떠냐고?" (웃음)

전 : 왜 그럴까, 그게 왜 그렇게 다를까?

정 : (여기 사람들은) 옆 사람 불편하지 않을까, 하고 다른 사람을 의식한다고 해야죠. 그런데 우리 북한 학생들은 남을 그렇게 의식하지 않거든요. 여기 분들은 지나치게 남을 의식하다 보니까 기쁘고 좋은 걸 자기도 모르게 자제하는 거죠. 여기 분들은 어릴 때부터 그게 습관이 됐다고 봐요. 그게 맞는 줄 아는 거죠. 반면에 우리 고향 분들은 다른 사람을 많이 의식하지 않다 보니 기분을 만끽한다고 생각해요.

전 : 직설적으로?

정 : 네, 맞아요. 예를 들면, 우리 (남한) 여자분들이 머리가 안 예쁘면 "저녁에 머리 감았나?" 이런 식으로 돌려서 말하는데, 우리는 "머리가 그게 뭐야? 아침에 늦잠 잤냐?" 이렇게 표현하거든요.

전 : 근데 주제에 따라 다르기도 하잖아요? 성문화에 대해서는 또 다르잖아요?!

정 : 네, 그렇긴 하지만 다 그렇지는 않아요. 그런 부분이 있어요. 성에 관해 이야기하는 걸 조금 부끄러워한다고 해야 하나, 아무래도 여기는 어릴 때부터 다 배우잖아요. 북한에서는 그걸 배우지 못하고 쭉 성인이 돼 버리니까요. 그 부분은 말은 하긴 하지만 대놓고 막 말하지는 않거든요.

전 : 인간관계에 영향을 미치는 환경은 어떤 것들이 있을까요?

정 : 인터넷을 많이 하는 거요. 이게 인간관계에 어떻게 영향을 미친다고 보냐하면, 거기서는 대문 앞에서 기다리는 일이 많았는데 여기는 다 핸드폰이니까 좀 다르죠. 사람 얼굴을 보지 못하는 경우가 생기니까요. 인터넷 환경 때문에 사람이 정이 없어진 것 같기도 해요. 왜냐하면 만나지 않아도 우리는 소통할 수 있으니까요. 근데 '정'이라는 게 얼굴을 보면서 눈빛에서 뭔가 나가잖아요. 자주 보면 아무래도 정이 들고요. 남한에서는 꼭 그렇게 안 해도 카톡이나 전화로 소통하니까, 아무래도 정이 마른다, 메말라간다는 느낌을 받는 것 같아요. 확실히 그건 좀 이기적이랑은 다른 거죠.

전 : 환경이 만들어주는 것은 무엇인가요?

정 : 그러니까 개인적으로 그렇게 생각하고 있어요. 북한에서는 내가 그 사람한테 볼 일이 있으면 무조건 가서 대면해야 하니까요.

전 : 요즘은 북한에도 다 핸드폰이 있잖아요.

정 : 후에는 핸드폰이 나와서 그렇긴 했지만, 핸드폰이 지금쯤은 거의 다 보급됐을까요? 글쎄요, 제가 있을 때 시골 같은 데는 핸드폰 구경 못한 사람도 많았거든요. 2017~2018년도에는 100명 중 한 50명 정도 썼을까요? 그러니까 어린이랑 노인은 없다고 보시면 돼요.

전 : 젊은 층 위주로 갖고 있는 거구나. 친구 만나는 상황을 예로 들어 묘사해 줄 수 있나요?

정 : 저는 일단 전화를 먼저 해요. 전화는 하는데, 예를 들면 친구가 일이 생겨

서 전화가 안 된다면 아무리 멀어도 그 집을 찾아가요. 그 집에 가서 문을 두드려서 직접 만나는 거죠. 친구가 없으면 부모님에게 말을 전달하고 오는 식이에요.

전 : 그러니까 친구랑 볼일이 있는 거지만, 부모님 만나는 횟수도 여기보다 많겠네요.

정 : 그죠. 여기 한국은 취직하고 어느 정도 돈이 생기면 독립해서 혼자 살잖아요. 그런데 북한은 아직 그런 문화가 없어요. 그냥 결혼할 때까지 부모님과 같이 살아야 하고, 결혼 못 하면 죽을 때까지 같이 살아야 해요. 집도 그렇고 그런 문화가 아예 없죠.

전 : 그러니까 자기가 (싱글일 때) 돈이 많아도 독립해서 사는 사람들이 별로 없는 거네요?

정 : 네, 그런 건 생각조차 안 하는 것 같아요. 여기 와서 결혼하기 전에 독립해서 나가는 걸 봤지, 거기서는 그런 게 없어요. 일단 경제적으로 여유가 없기도 하죠.

전 : 거기는 집도 배정을 해주잖아요.

정 : 네, 맞아요. 여기와는 시스템이 완전히 다르니까요.

전 : (북한에서) 친구들 만나면 주로 뭐했어요?

정 : 한 예로 친구 집에 들어가서 얘기를 해요. 친구 집에 들어가서 이야기하다가 점심시간이 되면 거기서 밥을 먹고, 친구가 차려주는 밥인 거죠. (여기처럼) 식당에 나가고 이런 게 거의 없어요. 식당 가면 돈을 써야 하니까요. 돈도 그렇게 여유가 없고요.

전 : 집에서 만나는 문화가 일상적이었군요.

정 : 네, 맞아요.

제2장 우리에게 '친하다'라는 건 개념이 다릅니다.
(평양, 코로나 직전 입남, 30대 초반, 남성)

안녕하세요. 저는 1990년대 북한의 고난의 행군이 시작될 무렵 평양에서 태어났습니다. 북한의 제1고등중학교를 졸업한 후, 17세에 군 복무를 시작하여 10년간 군 복무를 하였습니다. 군 복무 중에는 중동지역으로 파병되어 북한의 대외무역 건설사업소에서 의사 겸 통역으로 활동하였고, 중동지역의 북한 무역 대표의 권유를 받아 수행비서 겸 부대표로 근무하게 되었습니다. 그 과정에서 북한의 계급과 계층에 따른 신분사회의 모순을 직접 경험하게 되었고, 희망이 없다는 판단하에 남한으로 내려오기로 결심하였습니다. 현재는 한국 사회에 정착하여 대학교에서 회계학과 북한학을 전공하며 교수자의 길을 걷고자 학업을 수행하고 있습니다. 지속적인 연구 관심사로는 남북의 분단과 두 국가론, 북한의 인프라, 시장경제를 위한 북한 경제법, 북한이주민들의 정체성, 한국의 저출산 문제와 북한이주민, 그리고 한국 사회와 북한 사회에 대한 다양한 주제를 다루고 있습니다.

* 인터뷰 일시 및 장소 :
1회기 2024.05.29. 오후 2:00~4:00, 북쪽 한 카페
2회기 2024.08.17. 오후 8:00~9:20, 비대면
* 인터뷰어 : 전주람
* 인터뷰이 간략 정보 : 임지호(가명), 고등중학교 출신, 평양, 해외 군 복무
중 탈북

- 1회기 -

전 : 북한 사람들이 (남한 사람에 비해) 친밀하고 정이 많다는 말이 있잖아요.
그에 대해서 어떻게 생각하시나요?

임 : 친밀하거나 공동체적인 느낌이 있다는 말씀에 공감합니다. 체감상으로는
북한이 좀 더 친밀하고 공동체적인 면이 있는 것 같아요. 원래 문화가 그러
하다 보니 그런 경향이 있죠. 하지만 제가 살았던 마을의 경험을 보면, 친
한 사람들끼리만 통하고 모든 사람이 다 아는 느낌은 아니었습니다.
대한민국도 마찬가지로, 특히 지방으로 내려가면 공동체적으로 살고 친밀
한 관계가 많습니다. 강원도 쪽에 강의하러 갔을 때, 양배추 반쪽을 들고
와서 먹으라고 주시는 분도 있었죠. 그분은 이웃의 가정에도 매우 친숙해
하시는 것 같더라고요.
제가 하나원에서 교육받을 때, 여기는 자기 옆집에 누가 사는지도 모른다
고 하더군요. 물론 그런 생활이 존재하지만, 교육을 받다 보니 이 사회가
그렇게 된 것이라는 인식을 가질 수밖에 없었습니다. 이는 사회 시스템의
발전 흐름과 관련이 있죠.
자기 건강이 확보되고 여유롭게 살 수 있다면, 주변 사람들과 대화하고 공
동체 생활을 하기보다는 개인의 취미생활이나 원하는 커뮤니티를 찾아가
는 것이 한국 문화의 특징입니다. 반면 북한은 커뮤니티를 만들기 어렵고,
육아 생활을 외부에서 하기 힘든 시스템이기 때문에 자연스럽게 동네 사람
들끼리만 알고 지내는 경향이 있는 것 같습니다.

전 : 그렇구나. 그럼, 평양에 살 때 주택 형태는 어떤 것이었어요? 아파트였나요, 아니면 주택이었나요?

임 : 저는 주택에서도 살아봤고 아파트에서도 살아봤어요. 그런데 평양에서도 한 층에 두 집이 살아도 옆집에 누가 사는지 잘 모르더라고요.

전 : 진짜?

임 : 네, 그러니까 그것도 일반화시킬 수는 없어요. 한국의 일반 지방과 다르지 않을 거로 생각해요. 그래서 북한이 더 공동체 문화가 강하고 정이 많다는 부분에 대해서는 한국과 북한의 차이점이라고 평가할 수는 없어요. 지금 어르신들도 보면 동네에서 서로 다 알고 지내잖아요. 서울에서도 나이 드신 분들은 그 한동네에 사는 분들끼리 다 알고 나누고 하시더라고요. 이런 것도 남북의 차이라고 할 수는 없다고 생각해요.

전 : 그렇군요. 그런데 좀 구체적인 예를 들어서, 내가 인터뷰한 한 탈북 청년이 있는데, 여성이에요. 그 친구가 나랑 오래 인터뷰를 하고 나서 되게 친하다는 생각이 들었다고 하더라고요. 그러면서 친밀한 관계에 관해 이야기하면서, "저는 교수님과 친하다고 생각해요."라며 카톡으로 자기 아파트 비밀번호를 알려주더라고요.

임 : 그래서요? (웃음)

전 : 그래서 좀 당황했지. 순간 나도 우리 집 비밀번호를 알려줘야 하나? 잠깐 혼란이 오다가 결국 알려주지 않기로 했어. 그냥 웃고 넘겼지. 그러고 보니 더 궁금해지더라고. 자기 집 비밀번호를 알려주는 건 너무 개인적인 일이

라고 생각했거든. 친정엄마도 내 집 비밀번호를 모르니까. 너무 일반적이지 않은 일인데 하면서 더 궁금해졌어. 그래서 그 얘기를 탈북 아줌마들 몇 명한테 해봤지. 그랬더니 다 비밀번호를 알려준다고 하더라고. 자기 친한 사람한테 비밀번호를 알려주고, 직장에 나갔을 때 집이 비면 들어와서 뭐 하라고 하더라고. 그걸 "우리 아무렇지 않은 거예요."라고 말하더라고. 그거에 대해서 어떻게 생각해요?

임 : 어떤 느낌이라고 해야 할까요. 친하면 그렇게 할 수 있는 거죠. 친하면.

전 : 그냥 친하면 다 알려줘? 그러니까 되게 허물없이 모든 걸 알려주는 거예요?

임 : 북한 사람들이 '친하다'라는 느낌은 여기 남한 사람들이 말하는 '친하다'라는 느낌과 그 레벨이 좀 달라요. 자기가 친하다고 생각하면 자신의 모든 것을 내줄 수 있을 만큼 가깝다는 느낌이에요. 여기에서는 친하다고 해도 어느 정도 지켜야 할 선이 명확하고 서로 간격을 두고 내가 할 건 하고 말 건 말아야 한다는 느낌이 있는데, 물론 제 개인적인 생각이지만 북한에서는 '너하고 나하고 친해'라고 하면 아예 허물이 없어요. 그러니까 숨기는 게 없어야 하는 거예요.

전 : 숨기는 게 없다?!

임 : 네, 그게 진정으로 친한 거예요. 북한에서 말하기에 이건 숨기는 거고, 여기서는 어느 정도 간격을 두고 거리를 유지하는 것이라고 표현할 수 있겠죠. 하지만 북한 사람들은 이 간격을 둔다는 자체가 친하지 않다고 느끼는 걸 의미해요. 그러니까 (북한 사람들이 친하다고 할 때는) 선이 없는 거예요. 탈북민으로서 보면, 한국 여성분들은 남성과의 관계에서도 일정한 선이 있다고 생각해요. 반면에 잘못 배운 일부 북한 여성들은 남자가 여자에게 맞춰야 한다고 생각하는 것 같아요. 남자는 여자를 걱정해 줘야 하고 무거운 건, 다 들어주고 설거지도 남자가 해야 한다고 생각해요. 물론 한국 여성들도 이런 생각을 하는 경우가 있지만, 한국 사람들은 그 속에서도 일정한 선을 지킬 수 있다고 생각해요. 북한 여성들은 그 선이 없다는 게 문제예요. 이게 자본주의 시스템을 잘못 배운 거죠. 그래서 한국 사람과 북한

사람의 간격이라고 할 수 있겠죠.

전 : 사람 간의 거리… 그러면 개인적으로 궁금한 게 있어요. 인터뷰를 하면서 어떻게 인간관계를 맺어야 할지 가끔 혼란스러울 때가 있어요. 60대 탈북 여성을 인터뷰하면서 편하게 얘기하고 있었는데, 돈 얘기가 나오면서 갑자기 '교수는 얼마 받아요?'라고 직설적으로 물어보시더라고요. 물론 말할 수도 있지만, 그만큼 친하다고 생각하진 않았고, 한국 문화에서는 그렇게 대놓고 급여를 물어보지 않는다고 생각해요. 적어도 제 주변에서는. 그런 질문을 받고 어떻게 해야 할지 고민이 되더라고요. 그래서 남한에서 태어난 나는 이분들과 어떻게 관계를 맺는 게 좋을까요? 고민이 되네요.

임 : 사실 북한 사람들의 궁금증 중 하나가 교수는 얼마 받는지, 대통령은 얼마 받는지예요.

전 : 그래? 그게 왜 궁금하지? 인터넷에 다 나와 있잖아.

임 : 그 정도를 알고 있다면 이런 질문은 하지 않겠죠. 이게 실례라는 걸 아는 만큼 사회를 이해하고 배웠다는 거예요. 그런데 진짜 잘 모르고 물어본 거예요.

전 : 맞아. 그냥 순수하게 여쭤보신 거였던 것 같아요.

임 : 네, 순수하게 물어보는 거 맞아요. 하지만 그 말속에는 존경심이 섞여 있을 수 있어요. 교수라면 높은 직업이니까요.

전 : 그럴 수도 있겠다. 얘기하다 보니 그 여성이 내게 만나주셔서 감사하다, 끝날 때 민망하게 그런 말씀을 하셨었거든요.

임 : 그러니까 사회, 북한이라는 사회 자체가 너무나 계급화되고 계층화된 사회다 보니까 그런 거예요. 하다못해 북한은 여기로 치면 구청 직원 있잖아요.
북한에서는 구청 지도원이라고 하는데요, 그 직원하고 일반 주민하고 레벨 차이가 엄청, 나거든요. 일반 주민하고 격이 완전, 달라요. 진짜 그 자체로 엄청, 존경해야 하고 그런 대상이죠.

전 : 아, 그러니까 계층이 명확히 나뉘어 있는 사회구나.

임 : 네, 그런 게 있는 거죠. 마음속에 북한에서 교수라고 하면 교수는 너무나 상위의 직업이라고 생각하거든요. 북한에서 교수는 상위 직업으로 여겨져요. 돈은 많이 못 벌지만 존경은 확실해요.

전 : 명예에 대한 부분이구나.

임 : 맞아요. 그런 시스템에 놓여있다 보니까 순수하고 좋은 마음이지만, 여전히 적응이 필요하다고 볼 수 있죠.

전 : 그럼, 아까 상황에서 나는 어떻게 대답하는 게 좋을까?

임 : 그때는 이렇게 하세요. 이런 말을 교수님께 들을 때 사람들은 기분이 상하지 않을 거니까요. 교수라고 생각할 때는 누구나 가르치는 입장이라는 걸 인지하고 있기 때문에. 그리고 많지는 않아요, 그런데 이 사회에서는 그게 다 비밀이에요. 직접적으로 말하지 않아요. 사실 이렇게 공개되거나 이러면 안 되는 느낌이거든요. 원래 그렇게 직접적으로 말하지 않아요. 그리고 이렇게 질문하는 걸 다른 사람들한테는 하지 마세요. 이게 실례되는 질문이니까요. 이렇게 알려주는 게 조금 더 필요할 거예요.

전 : 그렇구나. 이렇게 알려주는 식으로도 생각해 볼 수 있네.

임 : 그럼, 바로 '제가 죄송합니다'라고 나올 거예요. 대부분 아주 무식하게 '친한데 뭐 어때요?' 이런 식으로 나오면 그건 조금 오버하는 사람이겠죠. 알려주면 좋을 것 같아요.

전 : 그럼 북한에서와 인간관계가 다르게 느껴지는 점이 있을까요?

임 : 고향에 있을 때는 내 또래 친구들하고만 지냈거든요. 집 밖을 나가도 내 또래 친구가 많잖아요. 그래서 좀 더 편하게 다가간 느낌이었는데, 여기는 살아온 환경이나 문화가 다르고, 저 같은 경우는 학교를 늦게 가다 보니 주변에 내 또래 친구보다는 어린 친구들이 더 많아요. 그래서 조금 서툴죠. 인간관계가 많이 다르다고 느끼기보다는 문화적 차이나 나이 차이가 좀 다르고, 인간관계를 맺고 친해지는 과정에서는 별로 차이가 없어요.

전 : 그럼 문화적 차이에서 가장 큰 게 뭐라고 생각하세요?

임 : 이제 그런 느낌이에요. '우리가 친하다.' '너랑 나랑 친구야.'라고 했을 때 허물이 없고, 숨기는 게 없어야 해요. 나는 내 집 비밀번호를 알려주고, 너도 집 비밀번호를 알려줘야 한다는 느낌이죠. 내가 진심으로 내 집 번호를 알려주고, 다 했는데, 너는 나한테 안 알려준다면 격차가 생기는 거죠. 그래서 이게 문화적 격차의 느낌인 거죠.

전 : 그러면 남북 사람들이 어떻게 같이 어울릴 수 있을까? 고민이네. 예를 들면 아까 말한 부분에서 내가 비밀번호를 안 알려주잖아. 그러면 상대방은 약간 거리감을 느낄 것 같거든.

임 : 그렇죠. 그게 바로 문화의 차이죠.

전 : 그럼 그런 건 어떻게 좁혀 나갈 방법이 있을까?

임 : 저 같은 경우는 제가 받아들이는 편이에요. 왜냐하면 이 나라 문화가 그런 문화이기 때문에 제가 맞추는 거죠. 이 사람은 여기서 태어나서 그 문화에서 자랐으니까, 나랑 다르구나, 이렇게요. 그걸 받아들이고 차이를 인정하고 존중하는 것이 저의 방식이에요.

전 : 근데 어떤 면에서는 존중하고 수용하다 보면, 내심 '왜 나만 존중해야 하지?' 이런 생각이 들지 않을까? 예를 들면, '너도 알려줘. 그러면 같이 친해지면 좋잖아.' 이런 식으로 말이야.

임 : 아, 그 부분에서는 그럴 수도 있지만 저도 사생활을 중요하게 생각해요. 그래서 굳이 그럴 필요는 없다고 생각해요. 친구 사이에도 간격이 있어야 한다는 건 이미 북한에서도 느낀 바예요.

전 : 그러면 그거는 평양과 평양 외의 지역 사람들의 차이일 수도 있겠네. 그 아주머니는 평양 사람이 아니었거든. 평양 사람들은 자기 사생활을 지키는 경향이 있을까?

임 : (평양 사람들은 자기 영역이) 확고한 편이에요. 그리고 세대 차이도 많이 나요. 진짜 어린 친구들은 자기만의 영역이 확고한 경우가 많아요. 그러니

까 그것도 세대와 지역에 따라 다를 수 있어요.

전 : 인간관계는 얼마나 중요할까? 일상 전체를 100%로 봤을 때 어떤 사람은 일이 중요하고, 어떤 사람들은 인간관계가 큰 비중을 차지하는 것 같거든.

임 : 저는 저 자신을 개발해서 주변 사람들이 찾아오게 하자는 느낌이 강해요. 너무 많은 사람을 사귈 필요는 없다고 생각해요. 진짜 대화가 통하고 마음이 통하는 몇 사람만 있어도 행복하다는 느낌입니다.

전 : 그러니까 소수를 깊이 있게 진정성 있게 만나고, 굳이 많은 사람과 양적으로 확장할 필요는 없다는 거네?

임 : 네, 그런 느낌이에요. 한 사람을 만나도 진정성 있게 다가갈 수 있는 사람이 더 중요하다고 생각해요. 많은 사람보다는 한 사람이 더 중요하죠.

전 : 그러니까 일부러 인간관계를 위한 의식적인 노력은 별로 없겠네?

임 : 그런 거 안 해요. 제 성격상 그런 거 안 해요.

전 : 그리고 현재 당신에게 가장 의지할 수 있는 마음을 줄 수 있는 사람 3명을 꼽자면 누구인가요?

임 : 지금 저에게 의지할 수 있는 마음을 줄 수 있는 것과 마음을 줄 수 있는 건 살짝 차이가 있어요. 마음을 줄 사람은 없는 것 같고, 제 마음을 누구한테 주고 싶지도 않아요.

전 : 교회에 의지할 수 있는 사람들 있다면서?

임 : 당연히 교회 분들은 의지하고 믿을 수 있는 분들이죠. 하지만 의지할 수 있다는 것과 마음을 줄 수 있다는 것은 다른 것 같아요.

전 : 현재 시점에서 마음을 주지 않은 이유는 뭘까? 어려운 질문이네.

임 : 뭐라고 해야 할지 애매하긴 한데요. 일단 (인간관계를) 유지할 수는 있어요. 물론 어렵고 힘들 때 함께 웃고 나눌 수 있는 느낌은 있지만, 내 마음속의 진심까지 털어놓을 수는 없는 것 같아요. 약간 이런 느낌이 있네요. 지금, 이 질문을 딱 보니까. 그러니까 의지할 수 있는 것과 마음을 줄 수 있는

건 살짝 차이가 있네요. 아직 마음을 편안하게 털어놓고 '내 마음은 이런데, 난 어떻게 했으면 좋겠냐?'라고 말할 만한 사람은 아직 확신이 없어요.

전 : 약간 경계하는 느낌인가?

임 : 그보다는 어느 정도 선을 지키고 싶은 거죠. 너무 제 영역을 침범하지 않게 하고 싶어요.

전 : 그건 왜 그럴까?

임 : 영역을 너무 침범하면 오래 못 가더라고요. 어느 정도의 경계가 필요해요. 제가 우선 싫어하기도 하고요.

전 : 그러니까 오래 못 간다는 말을 한 걸 보니, 인간관계가 중요하다고 할 수 있겠네?

임 : 네, 맞아요. 그래서 저는 진짜 한두 명씩만 만나요. 너무 많은 사람은 싫어요. 한국 사회에서 주변에서 챙겨주고 도와주는 분들은 많지만, 그 모든 게 저와 같지는 않아요. 제가 생각하는 만큼은 아니에요.

전 : 어찌 보면 인간관계에 대한 기대치가 되게 높은 거잖아? 기대치라고 해야 하나? 뭐라고 해야 하지… 어쨌든 기준이 높다랄까?

임 : 그러니까 살짝 어떤 느낌이었냐면, 저도 살짝 의리파여서 일단 내가 이 사람과 친하고 뭔가 의지한다고 생각했으면 가장 어렵고 힘들고 막 이럴 때 스스럼없이 나를 희생할 수 있는 느낌이거든. 근데 그 희생하는 느낌상에서도 어느 정도의 그 한계에 선이 있어. 어느 정도의 선에서 어려움이나, 힘들거나 이런 측면에서는 내가 희생해 줄 수 있는데 그것도 아니고 별 허접한 일이고, 순간 여자 때문에 힘들고 약간 그런 거까지는 희생할 수는 없다. 만약 극단적인 예를 들어서 친구 어머니가 당장 죽게 됐는데 돈이 없어, 그러면 그때는 나는 내 집 팔아서라도 너한테 준다, 약간 이런 느낌의 마인드를 약간 가지고 있거든요. 그런데 그럴 만한 친구가 없다는 거죠. 그러니까 그렇게 나와 일관된 생각을 가지고, 제가 여기 와서 친구가 별로 없잖아요. 또래 친구도 없고 그러니까. 근데 보면 남자 친구들 같은 경우는 여자만 만나면 여자한테만 맞추다가 홀랑 넘어가고. 난 거들떠도 안 봐요.

약간 선 넘는 느낌이고 실망하고 그랬죠. 여자만 만나면.

전 : 그렇군. 어쨌든 네게는 뭔가 (사람에게) 마음을 준다는 거는 정말 무슨 일이 있어도 집도 팔아서 넘겨줄 수 있는 만큼의 의리 이런 게 중요한 거네.

임 : 그러니까 그럴 만한 친구를 저는 친구라고 생각을 해요. 그런 게 친구라고, 진짜 친구라고 생각하는 거죠. 그렇다고 내 사생활 영역까지 다 알고 허물 없이 넘나드는 그런 사이가 아니라 아무리 오래 떨어져 있다가도 서로가 위하는 마음이 있고 이러면 되죠. 가장 어려울 때 나타나서 서로 힘이 돼주고 하는 게 전 진짜 친구라고 봐요. 뭐 평상시에 늘 전화하고 늘 같이 밥 먹고 하는 게 아니라 서로 멀리 떨어져 있다가도 필요할 때 나타나고 그런 느낌이랄까요. 근데 아직 그런 사람을 잘 찾지 못했어요. 친구들이 몇 명 있었는데 그래서 말씀드린 것처럼 여자 친구 없고 자기네가 힘들고 할 땐 간이고 쓸개고 다 뽑아줄 것처럼 그러는데 여자 친구가 딱 생겼다 그러면 친구고 주변 사람이고 없어요.

전 : 여기서 태어난 애들? (웃음)

임 : 여기 태어난 애들도 있고 위에 애들도 그런 것 같아요. 그러니까 여기 태어난 애들은 이미 존재적으로 깔고 가요. 여자 친구가 우선이지, 근데 그런 거 안 좋아하거든요. 저는 여자 친구 생겨도 물론 여자 친구에게 충분한 나의 사랑과 헌신을 주되 내 친구와의 영역은 또 다른 영역이라고 생각하거든요. 내 여자 친구면 내 친구와 나의 영역을 서로 존중해줘야 하고 지켜줘야 한다는 느낌이에요. 근데 여긴 그게 아니라 친구고 뭐고 없더라고요. 그렇다고 나의 여자 친구, 친구 사이의 그 레벨을 딱 칼같이 잘라놓고 하는 게 아니라 너도 존경해 주되 만약 내 여자 친구하고 나하고 무슨 문제가 있다면 친구, 네가 나를 존중해주고. 뭐 이렇게 해줘야 좋은 거 같아요. 내 친구와 나 사이에 문제가 있다고 하면 여자 친구, 네가 이해해 줄 수도 있구요. 이런 느낌을 바라거든요. 그런 선이 없이 그냥 여자 친구라고 거기에 막 올인하고 그런 친구들치고 난 끝까지 가는 친구를 못 봐 가지고요. 일단 제 마음은 그렇습니다. 그리고 또 가족같이 이제 교회 다니시는 분들은 제가 가족처럼 지내는 분들이에요. 너무 친하다 보니까 가족들도 같이 만나

고 했거든요. 엄청 외롭고 힘들 때는 막 나보다 더한 가족처럼 가서 막 엄청 친하게 누나 누나하고 엄마 엄마하고 할아버지 할머니 하다가 여자 친구 생기면 딱 끊어지고, 뭐지? 싶죠. 저는 여자 친구 있어도 내 여자 친구가 만약 나에게 우리 가족의 어떤 생일이거나 무슨 행사가 있어서 가야 된다고 했을 때 여자 친구가 자기랑 있어야 한다고 하면 난 그 여자 친구 진짜 싫거든요. 아무리 내가 가족을 소중하게 여겨도 여자 친구만큼 소중하게 안 여길 건데. 어쩌다 가끔 한 번씩 가족 행사에 가겠다고 하는데 이것까지 자르는 여자는 사실은 나는 진짜 별로라고 생각하거든요.

전 : 기준이 되게 뚜렷한 거 같아요.

임 : 저는 나만의 기준이 있어요. 아무리 그래도 결정적인 순간에는 물론 여자 친구 편이고 여자 친구한테 헌신할 거라는 건 명확해요. 근데 여자 친구가 이 평범한 상황에서 내 가족한테 내가 효도하거나 그러는데 나를 못 가게 하면 돼먹지 않은 거죠.

전 : 그렇군요. 질문 하나 해도 될까? 만약에 여자 친구와 어머니가 놀러 갔는데 둘 다 물에 빠졌다면, 누구를 먼저 구하겠어요? 유치한 질문일 수는 있는데(웃음)

임 : 그러니까요. 그런 질문을 보면 그건 애매하긴 한데 저는 당연히 어떻게 해야 할까요? 그 질문은 진짜 애매한데요. 만약 여자 친구가 그런 질문을 했다면… 그 상황이 정말 어렵네요.

전 : 여자 친구?

임 : 아뇨. 어머니라고 할 거예요.

전 : 뭐라고? (웃음)

임 : 그걸 받아들이는 여자 친구를 여자 친구로 삼고 싶어요. 어머니가 질문했다면 여자 친구라고 하겠어요.

전 : (웃음)

임 : 제3자가 질문하니까 애매하네요. 어떤 걸 선택해야 할지 고민하게 돼요.

전 : 왜 답변이 대상에 따라 바뀔까? 누가 질문하더라도 똑같아야 하는 거 아니야? (웃음)

임 : 그러니까요. 제가 왜 그렇게 답할까요? 사실 제 마음속에는 어머니가 제 곁에 있다면, 그분만큼 소중한 사람은 없어요. 북에 계시니까요.

전 : 그건 당연하지.

임 : 그러다 보니까 아무리 천하에 내가 가장 사랑하는 어떤 뭐 김태희 같은 여자 친구가 있다고 해도, 저는 그 여자 친구한테 꿀 발린 소리로 '나, 너 먼저 구해'라고 말하지는 않을 것 같아요. '나는 내 어머니야'라고 먼저 말할 것 같아요. 약간 이런 느낌이 있어요. 실제로 물에 빠지면 그때는 그때 상황에 따라가야 할 거 같아요. 그러니까 만약에 둘 다 살릴 수 있는 방향이 있다면 둘 다 살릴 수 있는 방향으로 가겠지만 근데 둘 다 가망이 없고 한 명만을 살려야 한다고 하면 물론 살아야 할 삶이 더 많은 사람을 건질 것 같아요. 진짜 어머니 같은 경우는 지금 저희 어머니 느낌도 우리 어머니도 살 나이가 많지만 근데 내가 살릴 수 있는 둘 중에서 한 명을 살릴 수 있다고 했을 때 젊은 생을 보내고 싶지 않아요. 어머니가 더 소중한데 어머니는 충분히 이해할 수 있을 것 같은데. 그런 마음이 드네요. 진짜 그러니까 이게 약간 그것도 그런 것 같아요. 그러니까 젊음과 남은 삶을 따져서 선택할 것 같아요. 객관성을 유지해야 할 것 같은 느낌이지만, 그건 쉽지 않을 것 같아요.

전 : 아니, 객관성 유지할 수 있는 상황이 아니잖아요? (웃음)

임 : 만약 둘 다 죽을 임박이라고 하면 누구를 살려야 할지 선택하기 어려울 것 같고, 근데 만약 진짜 둘 중에 무조건 하나만 살릴 수 있다고 하면 그냥 나랑 살아야 할 남은 인생이 더 많은 사람을 건질 것 같아요.

전 : 그렇구나. 또 하나 질문해도 돼? 무인도에 간다면 3가지만 가져갈 수 있어. 뭐 가져갈 것 같아?

임 : 무인도에 갈 때요?

전 : 네, 사람도 될 수 있고 물건도 될 수 있어. 그럼 딱 세 가지만 내가 들고 갈

수 있다!

임 : 그러면 내 여자 친구를 데리고 갈 것 같고, 다음에 먹고 살 수 있는 걸 가져
가야겠죠. 뭐 가져갈까? 개척할 수 있는 기계?

전 : 어떤 기계? 농기계도 있고 여러 가지가 있잖아.

임 : 농기계랑 뭔가 종자를 가져가야 할 것 같아요.

전 : 종자?

임 : 네.

전 : 핸드폰은 안 가지고 가요?

임 : 무인도에 가서 핸드폰이 뭐 필요 있을까요?

전 : (웃음) 그 세 가지는 어떤 의미예요?

임 : 그러니까 내가 사랑하는 사람과 무인도에 가서도 생계를 유지할 수만 있
다면 그냥 그 사랑으로 충분하게 살아갈 수 있다?!

전 : 궁금한 게, 여자가 아니라 어머니가 계셔야 하는 거 아니에요?

임 : 어머니는 어머니 나름의 삶을 살아야죠. 내가 어머니랑 무인도에서 뭐 하
고 있어요? 진짜 어머니의 삶을 무인도에 들어가서 고립시킬 수는 없잖아
요. 어머니는 우리 어머니의 삶이 있고 나는 나의 삶이 있죠. 어머니는 내
가 어떤 효도를 하고 뭔가 많이 베풀어줘야 하는 느낌. 지금 상황에서 어머
니를 내 삶의 영역에 끌어들여서 나와 생을 같이하자고 할 영역은 아니라
는 거죠. 근데 내가 사랑하는 여자다, 그러면 그 여자랑은 내 삶의 영역에
서 함께 살아야 하는 느낌이기 때문에 그런 느낌이 있지 않을까, 저는 그
렇게 생각해요. 저는 어머니는 어머니의 삶이 있고 어머니가 원하는 삶이
있다고 생각해요.

전 : 그렇구나. 오늘 정말 많은 얘기를 한 것 같아요. 감사합니다. 또 만나요.

전 : (지난번 내용을 보면서 느낀 점은) '친하다'라는 수준이 다르다는 것 같아요. 헌신의 정도, 자기 오픈의 정도, 그리고 사생활 공유의 범위에 대해 다르게 인식하시는 것 같습니다. 이 부분에 대해 좀 더 구체적으로 설명해 주실 수 있을까요?

임 : '친구'의 개념이 다릅니다. 북한에서 '친구'는 쉽게 쓰는 말이 아니에요. 여기서 절친이라고 할 때의 느낌이랄까…

전 : 그렇군요. 그러면 여기서 몇 년 지내면서 변화하는 부분이 있을까요? 여기 식으로 바뀐다든지.

임 : 아, 그 부분은 이렇습니다. 표면적으로는 여기(남한 문화)에 따라가려고 했죠. 남한 문화에 동화되기 위해 노력해 온 거죠. 여기 사람들에게 맞추려 했다고 할 수 있어요. 그런데 제 본질은 바뀌지 않는 것 같습니다.

전 : '본질'이요?

임 : 네, 본질은 여전히 남아 있습니다.

전 : 어떤 의미일까요?

임 : 10년 군 생활을 하다 왔잖아요. 변하지 않는 부분이 분명히 있죠. 본질의 긍정적인 부분과 부정적인 부분을 나눠보면 이래요. 부정적인 부분은 두 가지인데요, 인권을 소홀히 했던 부분과 여성을 약간 비하했던 부분입니다. 그래서 여기 와서 '모든 인간은 평등하다.'라고 의식적으로 이해하려고 했고, 여성 비하 부분은 성 역할에 대해 조금 이해하려고 했습니다. 예를 들면, 집안일이나 설거지 같은 가사 노동에서 어떤 부분은 여자가 해야 한

---

27 인터뷰어의 실수로 녹음 버튼을 누르지 못했다. 인터뷰 종료 후 인터뷰 과정에서 메모했던 자료와 기억을 더듬어 대화를 재구성하여 기록한다. 인터뷰어는 인터뷰 당일 최대한 기억을 살려 이른 시일 내에 오류를 최소화하여 신고자 기록하였다. 다음 날 인터뷰이에게 연락하여 기록된 글에 관해 참여자 확인 과정을 거쳤다.

다고 생각했었고, 남자의 역할이 명확했던 거죠. 그러나 여기 와 보니 그렇지 않더라고요. 그래서 여성을 존중하고 그들의 인격을 존중해야 한다는 것을 배우고 알게 된 것 같습니다.

전 : 그렇군요. 북에서 사회적 네트워크의 장단점을 간략히 설명해 주실 수 있을까요?

임 : 북쪽은 '사람 냄새 나는 동네'라고 해야 할까요? 예를 들어, 아이가 저녁에 밖에 혼자 있으면 동네 사람들이 집에 데려다 밥도 먹이고 그래요. 아직 그런 문화가 살아있죠. 공동체 문화라고 하잖아요.

전 : 그런데 서로 감시하고 그런 거도 있잖아요.

임 : 그건 아닙니다. 일부 사람들의 얘기예요. 일반화해서는 안 됩니다. 동네 사람들끼리는 대부분 그렇지 않아요.

전 : 아, 저는 사람들 사이에 감시가 되게 심한 걸로 이해했거든요. 그럼, 한국 사회적 네트워크에서 단점은 뭐라고 생각하세요?

임 : 윗동네에서 공동체 문화로 살다 보니 한국에서 느껴지는 소외감이 크죠.

전 : 아, 맞아요. 그 부분 많이 힘들어하시더라고요. 그럼 궁금한 점이, 여기 북한에서 오신 고향분들끼리는 서로 '사람 냄새' 나는 그런 문화를 만들고 경험하시나요?

임 : 네, 그런 편이에요. 한국에서 (고향 사람들)과는 따뜻한 관계를 맺는 편이에요. 여기 사람들과는 조금 다른 느낌이라고 할까요. 확실히 북쪽이 공동체 문화의 느낌이 강하고, 여기서도 친한 사람들끼리는 그런 문화가 있어요.

전 : 아, 그 부분이 궁금했어요. 그럼, 남한 사회적 네트워크에서 강점은 뭐라고 보십니까?

임 : 남한의 좋은 점은 사생활 확보가 정말 잘 된다는 것입니다. 어느 정도 알아서 서로 선을 지켜주는 느낌이랄까요. 물론 이 때문에 소외감도 동시에 따라옵니다. 북에서는 힘들면 직접 물어봐 주기도 하고 그러거든요. 여긴 그렇지 못하죠.

전 : 아, 그렇군요. 고향에서 사회적 네트워크(인간관계)와 관련하여 고민이 있었다면 무엇이었습니까? 남한에 와서 그 고민의 주제는 여전히 비슷한지, 혹은 고향에서는 고민하지 않았던 부분들이 새롭게 발생하였는지 궁금합니다.

임 : 아, 이 부분은 조금 애매합니다. 이건 남북의 문제는 아닌 것 같아요. 저는 북에서는 공부도 잘했고 힘도 세서 여학생들에게는 존경의 대상이 되었고, 남학생들에게는 경계의 대상이 됐거든요. 북에서는 나보다 윗사람에게 잘 보이고자, 보다 우월해지고자 노력했다면, 남한은 훨씬 그 부분에서 편한 측면이 있죠. 그런데 여기도 윗사람에게 잘 보이려는 건 똑같잖아요. 그렇게 우월하게 지냈다면 여기서는 조금 키가 상대적으로 작다고 인식되기도 해요. 저는 자존심이 센 편이고, 자존감도 괜찮은 편이에요. 뭐 어쨌든 인간관계의 고민 문제는 남북으로 갈라 보긴 좀 어렵고 상황마다 여러 이슈가 있는 것 같습니다.

전 : 아, 그렇군요. 그런데 공부 잘하고 열심히 하셨잖아요. 늘 최고가 되고자. 그럼 어떤 이유에서 그렇게 하셨을까요?

임 : 일단 아버지의 역할이 컸고요. 가정이 열악했던 점이 저를 단련시킨 듯해요.

전 : 아, 그렇군요. 엄하신 아버지셨나 보네요.

임 : 네.

전 : 근데 열악한 조건이 동일할지라도 모두가 발전과 성장, 노력의 방향으로 가지는 않지 않나요? 어떤 요인들이 동기요인이 됐다고 보세요?

임 : 하층민에서 벗어나 최고의 명예를 누리고 싶은 욕구랄까요. 인정받고자 했던 부분이 가장 컸던 것 같아요. 북한 학교에서 선생님이 이름을 가장 많이 불러줬던 것도 저였고요. 모든 순간이 명예로웠거든요.

전 : 아, 그랬군요. 다음 질문 볼까요? 여기에서 사회적 공동체(인간관계)를 위해 스스로 노력하시는 부분이 있을까요? 만약 그렇다면 무엇이 있는지 예를 들어주시면 더 좋고요. 그렇게 노력하는 이유의 근간에는 당신의 어떠한 욕구가 숨어있을까요?

임 : 저는 제 주변 사람들에게 진심으로 다가가려고 노력해요. 다정하게 진심으로.

전 : 아, 진정성 있게?

임 : 노력하는 부분이 있죠. 많은 북한분이 그러하듯 저 역시 억양 때문에 스트레스를 받아요. 열등감인 거죠. 우리 사회가 북한 사람에 대한 편견이 적었다면 그렇지 않았을 텐데… 낯선 곳에서 말을 하면 확 시선이 쏠리니까요. 그러다 보니 말을 잘해도 침묵하게 되고 그럴 때가 발생하거든요. 그리고 네, 뭐 거창하게 진정성 있는 관계를 맺고자 특별히 노력한다는 뜻보다는 내 주변의 사람이 소중하다는 생각이 있습니다. 이 사회에서 살면서 혼자 살아가기는 어렵다는 생각이 최근에 많이 들더라고요. 그래서 크게 네트워크 확장할 생각도 별로 없지만, 가족의 안전이 중요하기 때문에 주변 사람들에게 진심으로 다가가자는 생각은 큽니다.

전 : 그렇군요. 나의 인생에서 인간관계는 얼마나 중요한가요? 0~10점으로 볼 때 몇 점 정도일까요? 또한 1점 정도 올리기 위해 무엇을 하면 점수가 상향될 수 있을까요?

임 : 음… 10점이라고 봐야죠.

전 : 아, 그렇게 중요해요?

임 : 네.

전 : 그럼 점수를 더 올릴 데는 없으니, 10점을 유지하기 위해서는 무엇을 하는 편이에요?

임 : 아까 말씀드린 것처럼 주변 사람들을 소중히 대하는 편이고요. 크게 두 가지가 필요해요. 우선 태도 면에서 인성이 기본적으로 필요해요. 소수자로 살다 보니까 그런지 편견과 차별적인 시선을 갖지 않도록 노력해요. 모든 사람을 평등하게 보려고요. 길에 있는 노숙자들도 똑같은 사람이니까요. 노력하는 거죠. 또 한 가지는 자기 계발이에요. 타인에게 촉망받는 사람이 되고자 노력하는 편이고요. 누군가에게 도움이 될 수 있는 사람이 되길 바랍니다.

전 : 아, 인정받는 부분. 그 인정이 만족스러울 만큼 이뤄지면 그 뒤로는 무엇을 할 수 있을까요?

임 : 봉사입니다.

전 : 봉사?

임 : 네, 봉사, 사회적으로 무언가 조금이라도 기여할 수 있는 거랄까요.

전 : 아, 봉사와 기여. 그럼, 그것이 만족스러울 만큼 이뤄졌을 때는 무엇이 오는 거예요?

임 : 행복이 오겠죠.

전 : 행복? 나도 행복하고 타인도 행복한?

임 : 네, 그렇습니다.

전 : 행복이란 무엇이라고 생각해요?

임 : 행복이란 가족에게는 자랑스러운 아들이 되고, 사회에서는 존경받는 사회

인이 되는 것, 타인에 대한 봉사로 누군가에게 만족을 드릴 수 있는 그런 내가 되는 것이 저의 행복입니다.

전 : 아, 그러니까 가치관이 나 혼자 잘 살아보자는 쪽보다는 사회적으로 가치 있는 일, 타인에게 도움이 되는 데 관심이 높은 거군요.

임 : 네, 맞습니다. 아, 가끔 제가 할머니, 할아버지들 말벗도 해드리고 청소도 해드리는 봉사를 가거든요. 그렇게 하고 돌아올 때 느낌이 정말 뿌듯해요. 물론 그분들을 도와드리러 가는 거지만, 돌아올 때 많은 걸 느껴요. '새로 고침'한달까요. 스스로 마음을 잡고 다시 힘을 얻기도 하고요. 제가 얻어오 는 게 많죠.

전 : 아, 바쁘신 중에 봉사도 하시고 대단하세요. 그럼, 사회적 네트워크를 위해 인스타 등도 많이 활용하는지 궁금합니다. 만약 그렇다면 모르는 사람과 도 친밀한 관계를 유지하는지, 네트워크 확장을 위해 의도적으로 노력하 는 부분이 있는지도 궁금합니다.

임 : 페이스북 이런 거 전혀 안 합니다. 가족이 북쪽에 있으므로. 가족은 저보다 도 소중한 사람들이니까요. 전혀 안 합니다.

전 : 남한에서 사회적 공동체를 만들어 가는 데 어려움이 있을까요? 그렇다면 저해 요인들은 무엇이라고 생각하십니까?

임 : 아, 가족이죠. 말씀드린 것처럼 가족이 모두 함께 있다면 네트워크를 보다 적극적으로 확장했을 거예요. 하지만 지금은 상황이 그렇지 못하니까, 저 는 제게 가장 중요한 것을 챙겨야 하는 상황입니다. 이 부분이 조금 아쉬운 측면이 있죠.

전 : 맞아요. 당연하죠. 그럼, 마지막 질문입니다. 어떤 사람이 사회적 공동체 를 잘 만들어간다고 생각하십니까? 성격적으로든 환경적으로든 어떤 요인 이 있을까요?

임 : 유연한 사람입니다. 부드럽고 여유 있게 인간관계를 맺을 수 있는 사람. 결 국 리더의 자질이기도 한 것 같아요.

전 : 그렇군요. 그럼, 이 부분에서 스스로는 얼마나 점수를 주실 수 있으세요?

임 : 저는 10점이라면 2~3점 정도라고 생각합니다. 그 부분은 제가 조금 부족한 것 같아요. 그런데 제가 전문성을 갖추고 조금 더 확고한 자리를 잡게 되면, 보다 많은 도움이 되는 일을 할 수 있을 것 같아요. 그래서 크게 문제되지는 않는 것 같습니다.

전 : 아, 오늘 정말 많이 말씀해 주셔서 감사해요. 더 여쭈고 싶은 부분이 있었는데요, 마지막으로 고정관념에 관해 확인차 여쭤보고 싶어요. 남한 사람들이 가질 수 있는 편견으로 '북한 사람은 순진하다', '북한 사람은 직설적이다', '북한 사람은 이웃과 친밀한 관계를 유지한다', '북한 사람은 뒤끝이 없다', '북한 사람들은 내 일과 네 일의 구분을 명확히 나누지 않는다', '감정 표현이 부족하다', '정신력(생활력)이 강하다' 이런 생각들이 있습니다. 그리고 북한 사람들이 남한 사람들에게 갖는 고정관념으로 '남한 사람들은 이중 얼굴이다', '계산적이다', '이기적이다' 이런 부분이 고정관념으로 볼 수 있는 게 맞겠죠?

임 : 물론이죠.

제3장 여전히, 이방인 같은 느낌(혜산, 2019년 입남, 20대 초반, 여성)

저는 2019년에 한국으로 입남한 사람입니다. 북한에서 경제적으로 여유롭게 생활해 왔고, 현재 대학생으로 학업을 수행하고 있습니다. 혼자 있는 것을 좋아하며, 다소 내성적이고 조심스러운 성격을 가지고 있습니다.

한국에 오고 나서, 어떻게 차를 타고 다녀야 할지, 다른 사람에게 어떻게 비칠지 고민하며 거의 집에서 시간을 보냈습니다. 하지만 뭔가 해야겠다는 의지가 생겨 레스토랑 아르바이트에 도전하게 되었습니다. 운이 좋게도 좋은 사장님을 만나 세상에 발을 딛게 되었습니다.

지금도 저는 '북한'에서 온 사람임을 의식하지 않을 수 없으며, 온전히 자유로워지고 싶지만, 한국에서 사는 동안 '북한'에서 온 '한국 사람'으로 살아갈 수밖에 없다는 것을 자각하고 있습니다.

* 인터뷰 일시 및 장소 : 2024.04.20. 오후 2:00~4:00
* 인터뷰어 : 전주람
* 인터뷰이 간략 정보 : 김여린(가명)
  (혜산, 코로나 직전 입남, 20대 초반, 여성)
* 인터뷰 방식 : 비대면

전 : 북한 고향의 사회적인 네트워크, 쉽게 말하면 인간관계나 살아가는 모습에 관해 설명해 줄 수 있어요?

김 : 한국보다는 친밀감이 훨씬 높은 것 같아요. 동네 사람들끼리요.

전 : 확실히 남한과 비교했을 때 그런가요?

김 : 네, 여기서는 핸드폰으로 각자 방에 들어가서 소통하지만, 북한은 그런 게 없어서 사람 간의 대화가 더 많이 이루어지는 것 같아요. 누가 옆집에 사는지, 우리 동네에 누가 사는지에 대한 관심이 굉장히 높아요.

전 : 아, 진짜요? 그런데 네가 24살이지? 젊은 층에서 봤을 때 그게 오지랖처럼 느껴질 수도 있을 것 같은데, 그 당시 그런 분위기는 어땠어요?

김 : 그때는 어려서부터 그런 환경에서 자랐기 때문에 오지랖이라는 생각은 안 했던 것 같아요.

전 : 그렇군요. 네게 익숙한 환경이었으니까요.

김 : 네, 그런데 한국에 와서 생활하면서 '여기는 타인에 관한 관심이 별로 없다'라는 걸 많이 느꼈어요.

전 : 여기 (남한 출생) 사람들에 대해서요?

김 : 네.

전 : 어떤 부분에서 그런 걸 느꼈어요?

김 : 사실 저희는 이사 오면 서로 인사하고 그러거든요. 물론 한국 문화에서 떡 돌리기 같은 게 있긴 하지만요.

전 : 맞아.

김 : 그런데 여긴 진짜 옆집에 누구 사는지 대부분 잘 모르잖아요.

전 : 맞아요. 요즘은 엘리베이터에서도 거의 인사하지 않으니까요.

김 : 네, 그렇죠. 그런데 저희는 북한에서는 거의 다 서로 잘 알거든요.

전 : 그렇구나. 그러면 그런 차이가 생기는 이유는 뭐라고 생각해요?

김 : 저희는 사실 인민반 회의 같은 걸 하거든요. 인민반 생활이 다르죠.

전 : 구체적으로 어떻게 하는 건가요?

김 : 인민반 회의라는 것은 집집마다 세대주들이 나와서 모여서 회의하는 거예요.

전 : 아, 그러니까 세대주들이 모여서 회의하는 형식인 거네요?

김 : 네.

전 : 일이 있으면 못 가는 경우도 발생할 수 있나요?

김 : 네, 그런 경우도 있긴 한데… 대부분은 거의 가거든요. 아빠가 일이 있으면 엄마가 나가거나, 일이 있으면 서로에게 알려주는 거죠. 거기서 들은 내용을요.

전 : 그렇구나. 그러면 여린이가 여기 왔을 때 환경이 바뀌면서 약간 '뭐지?' 이런 생각을 했을 수도 있을 것 같은데, 어땠어요?

김 : 사실 '뭐지?'라기보다는 되게 편한 것 같아요. 오히려 좀 더 편한 느낌이에요. 음… 편한 점도 지만, 장단점이 있죠.

전 : 아, 그러면 어떤 부분에서 장점이 있다고 생각해요?

김 : 타인에 관한 관심이죠. 지나친 관심들이 있잖아요? 북한에서는 누가 "저 집 딸은 어떤 옷을 입고 다닌다." 이런 것까지 다 얘기하거든요. 굳이 그런 건 없는 것 같아요. 말이 오르내리는 건 별로죠.

전 : 아, 그러니까 디테일한 것까지 깊이 관심을 안 갖는 게 오히려 더 편하다는 거네요.

김 : 네, 맞아요.

전 : 그럼 반대로 여기 남한에서의 단점은 뭐가 있을까요?

김 : 그런 게 있잖아요. 동네 주민끼리 지나가면서 얘기도 하고, 인사도 할 수 있을 것 같은데… 그런 친숙한 분위기는 없는 것 같아요.

전 : 조금 냉랭하지…? 약간 개인 플레이? 근데 이게 동전의 양면처럼 장점이 단점이 되는 것 같아요. 고향에서 "이것만은 정말 좋았어." 이런 게 있을까요? 예를 들어, 지난번 인터뷰했던 한 친구는 새벽 5~6시에 나가도 친구들이 있었다고 하더라고요. 그런 게 그립다고.

김 : 아, 맞아요. (여기는) 학교가 끝나면 각자 집에 가서 공부하거나, 아니면 여유 시간에는 핸드폰을 보잖아요? 그게 대부분의 일상이죠. 한국 학생들은. 그런데 (북한은) 방과 후 끝나면 핸드폰을 쓸 게 없어서 애들끼리 모여서 놀게 되거든요.

전 : 2018년쯤에는 북한에도 핸드폰이 다 있긴 하잖아요?

김 : 핸드폰이 있긴 한데, 약간 옛날 폴더폰 같은 느낌이에요. 왜냐하면 저희는 와이파이가 전혀 없거든요. 음악을 들을 수 있다고는 하지만 활성화되어 있지 않아요.

전 : 그러면 아주 중요한 것만 어디 가서 접속하는 정도인가요?

김 : 네, 맞아요.

전 : 2G폰 정도 성능이라 보면 되겠네요.

김 : 네.

전 : 그러니까 핸드폰이 있거나 없거나, 와이파이가 잘 터지느냐 아니냐가 사람 관계에 매우 중요하군요.

김 : 엄청 중요해요.

전 : 그렇죠. 왜냐하면 와이파이가 잘 터지면 혼자 있어도 전혀 심심하지 않잖아요. (웃음)

김 : 네, 전혀 심심하지 않죠. 밖에 나갈 필요도 없어요. (웃음)

전 : 네, 북한에서 애들이 모이면 보통 뭐 하고 놀아요? 고등학교 때 주로 뭐 했어요?

김 : 그냥 놀아요. 어떤 집에서 누가 빈다 하면 그곳에 가고요. 집에서도 놀고, 간식 같은 거 사서 수다 떨면서 이야기하고요. 남자들이랑 여자들이랑 함께 모여서 춤추고 놀기도 해요. 뭔가 자유롭고 편하게, 그런 게 더 재밌는 것 같아요. 여기 고등학생들보다 더 편하게? 그런데 음악 같은 건 단속이 걸리니까 각자 들어가서 문을 잠그고 듣죠. 이정현 같은 옛날 발라드도 북한에서 많이 듣죠. (웃음)

전 : 어떻게 보면 목숨 걸고 노는 거 아닌가요?

김 : 네, 그런데 대부분 다 그렇게 놀아요. (위험하니까) 한국 노래는 피하는 게 좋긴 해요. 중국 노래 위주로 많이 듣죠.

전 : 진짜요? 그러면 집 밖에서 놀 때는 주로 뭐 했어요? 장마당에 가서 뭐 사고 놀기도 하고, 아니면 국숫집 같은 데 가서 뭐 먹고 하던데요?

김 : 네, 그런데 저희는 식당 가는 문화가 그렇게 활발하지 않았던 것 같아요.

전 : 아, 2017~2018년도에도 활발하진 않았나요?

김 : 음, 그렇죠. 그래도 그때는 식당들이 좀 많이 생겨나긴 했어요.

전 : 아, 네가 어렸을 때보다는 식당이 많아지긴 한 거네요. 여기 먹자골목 분위기랑 비교하면 어디가 다를까요? 골목마다 다르겠지만.

김 : 학교 앞마다 저희는 쏘매대라는 게 있어요. 쏘매대는 잡화점 같은 곳으로 담배도 있고 과자도 있고, 여기 편의점 같은 거랄까요. 할머니들이 작은 규모로 물건을 팔아요.

전 : 그냥 길에서 매대 같은 데 이렇게 놓고 파는 거야? 그게 이름이 쏘매대야?

김 : 네, 쏘매대.

전 : 그거 북한 말이에요? 아니면 중국 말이에요?

김 : 북한 말도 아니고 중국 말도 아닌데… 잘 모르겠어요. 여기 가면 거의 다 있다고 보면 돼요. 먹을 거, 인조밥, 두부밥, 만두밥, 다 있고요.

전 : 그러니까 여기로 치면 편의점 같은 거? 약간 그런 스타일이구나. 그렇구나. 거기서 여린이는 주로 누구랑 놀았어요? 누구랑 친하고, 지금 얘기한 쏘매대는 주로 누구랑 갔는지 궁금해요. 또 어떤 애들은 몰래 여권 만들어서 평양도 가고 그랬다고 하던데요.

김 : 평양요?

전 : 네, 평양. 몰래 위조해서 만들어 가지고 갔다 왔다고 하던데요. 한 탈북 청
　　년이 그랬어요.

김 : 평양에 들어가려면 슈퍼초소가 있거든요. 평양에 딱 들어가면… 거기는
　　정말 엄청 깐깐하게 검사를 해요. 만약 안 되면 다시 돌려보내고 그러는데.

전 : 뭐, 몰래 만들어서 갔다 왔다고 했는데, 믿어도 되는 말인가요?

김 : 그게 증명을 만들어서 갔다 왔다는 게 아니고요. 출생증을 가지고는 평양
　　에 못 들어가요. 보호자가 반드시 필요하거든요. 지방인은 평양에 못 들어
　　가요. 저는 출생증이 있었지만, 혼자 가는 상황이었어요.

전 : 그렇군요. 그러니까 그게 아주 흔한 일은 아니어도, 아예 없는 일은 아니라
　　고 이해하면 될까요?

김 : 네, 근데 그렇게 쉬운 일이 아니에요. 통과하는 게.

전 : 그렇군요. 어쨌든 고등학교 때 놀았던 거? 거기랑 여기 비교할 때, 여린
　　이는 어디가 더 편한 것 같아요? 좀 나한테 잘 맞는 환경이라고 해야 할
　　까요?

김 : 재밌기는 북한이 좀 더 재밌죠.

전 : 아, 진짜? 좀 허물없이 지내는 그런 모습이 있는 걸까요?

김 : 네, 근데 여기는 개인적인 게 되게 중요하잖아요? 혼자만의 시간을 중요하게 여기고. 어디까지나 그 선이 있잖아요?

전 : 상대방과 나, 둘 사이의 어떤 선? 여기서 태어난 사람들과 비교했을 때 인간관계 맺는 게 좀 다르다고 느껴질까요?

김 : 사람마다 다르긴 하겠지만, 제 친구들은 좀 그랬던 것 같아요. (북한에서) "친구다." 하면 정말 가족 같은 느낌이거든요.

전 : 그러니까 여기(남한)의 '친구' 느낌과는 좀 다른 느낌일까요?

김 : 네, 맞아요.

전 : 응. 어떻게 보면 거기서 그런 친구 경험을 하고 오다 보니까… 여기 친구는 약간 선을 긋는 느낌이 들 수도 있을 것 같은데, 어때요?

김 : 근데 괜찮아요. 제가 살짝 그런 느낌이라서요. 혼자 있는 걸 엄청, 좋아하고 그래서요.

전 : 그렇구나. 그럼, 여기 와서 처음 인간관계를 맺을 때 힘들었던 점이나 상처받은 경험이 있을까요? 어떤 애들은 말투가 너무 북한식이라서 불편했다고 하더라고요.

김 : 저도 티가 많이 나요. 성격이 급해지면 갑자기 사투리가 튀어나오고 그래요.

전 : 어떤 애들은 연습도 하더라고요.

김 : 저는 연습은 하지 않았어요. 그냥 드라마를 계속 봤어요. (웃음)

전 : 아, 그러니까 젊은 층들은 많이 변하더라고요. 대체로 어르신들은 느리게 변하거나 잘 안 변하는 것 같고요.

김 : 그런데 학교 가면 애들이랑 한국말로 얘기하고, 집에 들어오면 북한말이거든요. (웃음) 가족들끼리 북한말을 쓰는 거죠.

전 : 진짜? 미국에 이민 가서 사는 애들이 밖에 나가서 영어 쓰다 집에 들어오면 된장 먹고 한국말 쓰는 거랑 똑같은 거네.

김 : 그렇죠. 집에 들어오면 아빠, 엄마가 다 사투리로 얘기하고요.

전 : (웃음)

김 : 가족들이 밖에 나가면 다 한국말을 해요. 언니들이랑 오빠랑… 그런데 집에 들어오면 다 사투리예요.

전 : 진짜? 되게 신기한데? 사투리를 잊어버릴 만도 한데… 또 안 잊어버리네요.

김 : 잊어버릴 수가 없을 것 같아요. 저는.

전 : (여기 말이 더) 편해요? 아니면 고향 말이 더 편해요?

김 : 저는 고향 말이 편하죠.

전 : 고향 말이? 그렇구나.

김 : 언니랑 막 (북한말로) 얘기를 한단 말이에요. 학교 가서 제가 북한 사람이라는 걸 밝히지 않았거든요. 그래서 처음에 대학교 들어가기 전에 엄청, 고민이었단 말이죠. 한 번도 애들이랑, 그때 그 나이 또래 애들이랑은 지내본 적이 없으니까요. 제가 원래 극 I성향(내향적인 성격)이거든요.

전 : 극 I야? 내향적이군요.

김 : 네, (학교) 들어가면서 친구를 사귀어야 되잖아요? 처음에 두려웠죠.

전 : 그랬을 것 같아요. 애들이 "너 어디서 왔어?" 이렇게 물어보면 뭐라고 대답했어요?

김 : 처음에 강의실에 들어가서 강의가 끝나면 처음 만나는 애들이랑 친해지려고 "저녁에 같이 밥 먹을래요?" 이렇게 말 걸었어요. 엄청, 밝은 척하면서… 근데 한 5개월 지나니까 그 한계에 도달하더라고요.

전 : 그치. 네가 그렇게 외향적이지 않은 스타일이다 보니까 에너지가 소진됐

을 것 같아요.

김 : 애들이… 뭐 얘기하면 E(외향형)인 줄 알았다고 해요.

전 : 진짜? 그러니까 어떻게 보면 네가 노력한 부분이 크겠네요. 에너지를 많이 썼을 것 같아요.

김 : 집에 오면 진짜 거의 뻗는 거죠. (웃음)

전 : 아니, 근데 왜 그렇게 밝은 척했어요? 뭐 때문에?

김 : 애들이랑 친해지고 싶어서요.

전 : 근데 애들이랑 친해지면 "너 어디서 왔냐?" 이렇게 물어볼 거잖아. 누구는 인천이다, 대전이다. 그러면 뭐라고 했어요?

김 : '수원'이라고 얘기를 했어요.

전 : 아, 수원. 어떤 애는 강원도라고 하더라고요. 근데 또 친해지면 어떤 애는 또 말하기도 하더라고요.

김 : 저도 얘기했어요. 저랑 진짜 친한 친구한테 북한에서 왔다고 하니까… 진짜? 막 깜짝 놀라더라고요. 이만갑 같은 영상 보고 나면 저한테 물어보기도 하고요.

전 : 그렇구나. 어떻게 보면 여린이는 네가 소속을 밝힌 그 친구랑 있는 게 좀 편할 것 같아요.

김 : 그죠. 그 친구랑 있으면 편해요.

전 : 어쨌든 친한 친구가 생겨서 좋네요. 학교에서 친구가 필요하잖아요. 여기 온 지 한 5년 되었죠? 입남 초기 여린이랑 지금의 여린이랑 시간이 지나면서 좀 변한 것 같아요? 인간관계나 생활면에서 변한 부분이 있을까요?

김 : 많이 변한 것 같아요. 처음에는 사람들을 마주치는 게 별로였거든요. 두려웠어요. 엄청 많이 두려웠어요.

전 : 그죠. 그래서 (집 밖에) 잘 안 나갔다고 했었잖아요.

김 : 네, 제가 (길을) 잘 모르니까요. 막 나가서 어설픈 행동을 하고, 그런 게… 나도 내가 싫었거든요. 그래서 그런 행동을 안 하려고 사람들을 회피했어요.

전 : 어설픈 행동이라는 건 어떤 거예요?

김 : 여기 사정을 모르니까 한국 사람들이 얘기하는 걸 이해 못할 수도 있고요.

전 : 애들이 말하는 걸 못 알아들을 수도 있으니까요? 어떤 돌발 상황이 올지 모르니까 조심하게 되는 거군요?

김 : 네, (그렇게 조심한 게) 한 1년 넘게 갔던 것 같아요. 그냥 말도 서툴잖아요. 저는 아예 사투리를 사용하니까요. 길을 모르면 누군가한테 길을 물어봐야 하는데 어떻게 얘기를 할지를 모르겠고요. 말투가 이상하니까… 보통 핸드폰으로 찾아보는데, 북한 핸드폰이랑 여기 핸드폰이랑 다르잖아요? 네비를 봐야 하는데, 어디 길을 가려고 해도 네비를 볼 줄을 모르는 거예요. 그 모든 걸 공부했어요.

전 : 그렇구나. 그러니까 핸드폰 사용부터 길 찾는 일, 말투 등 여러 가지를 알아야 했던 게 많았던 거네요. 뭔가 네 옷을 입지 않은 것 같은 느낌이 들었을 것 같아요. 그죠?

김 : 네, 그런 시간이 1년 더 간 것 같아요.

전 : 아, 그럼 어떻게 세상에 발을 디디게 되었어요? 어떤 계기가 있었나요?

김 : 일단 공부는 계속해야 하니까, 나와서부터 ○○학교를 다녔어요. 그런데 거기에는 다 북한 사람이란 말이에요.

전 : 대안학교?

김 : 네, 대안학교. 거기 가니까 다 북한 사람이어서 엄청 북한에 간 느낌이었어요. 집에 와도, 학교에 가도 북한이에요. 대학교에 들어가면 그럴 수 없잖아요? 그래서 여러 가지 알바를 해봤어요. 거기에서 우리 또래 친구들(한국 출생자)도 있었고요. 그런 애들을 보면서 '아, 그렇네? 여기 애들도 비슷하네?'라는 생각이 들었어요. (내가) 너무 생각을 많이 하니까 뭔가 두려

운 마음이 많이 생겼던 것 같더라고요. 실제로는 진짜 아무것도 아닌데…

전 : 그러니까 혼자 생각했을 때보다는 막상 이렇게 닥쳐보니까, 실제로 별거 아닌 것들도 있었던 거네요.

김 : 네, 맞아요.

전 : 근데 처음 알바 할 때는 좀 긴장되지 않았어요?

김 : 네, 그죠. 그런데 알바 할 때 사장님한테 제가 북한에서 왔다고 얘기했어요. 레스토랑이었거든요. 처음부터 얘기한 건 아니고 알바를 한 2개월 정도 지나서 사장님한테 말씀드렸어요. 그다음부터 계속 북한에 대해 궁금해하시더라고요. 남자분이셨는데 좋은 분이셨어요. 그때는 '왜 그렇게 두려워했지?'라는 생각이 많이 들었어요. 생각이 너무 많았던 것 같아요.

전 : 원래 좀 생각이 많은 편이에요?

김 : 네, 좀 생각이 많은 편인 것 같아요. 겁은 없는데 생각이 많아요.

전 : 아, 그러면 혼자 예전 모습처럼 아무 데도 안 가고 방에 가만히 있는 후배들 보면 해주고 싶은 얘기도 있을 것 같아요.

김 : 네, 그걸 본인이 해야 해요. 저도 언니들이 얘기를 해줬는데, 그때는 저한테 와닿지 않았어요. 일정한 시간이 지나면 사람이 적응하게 되는 것 같거든요.

전 : 그래. 자기만의 시간이 있잖아. 그죠?

김 : 네.

전 : 아무튼 다행인 것 같아요. 지금 학교도 잘 다니고 있으니까요. 그럼, 다음 질문으로 가볼까요? 여기서 마음을 줄 수 있는 사람, 그런 사람들이 있을까요? 세 명 정도 꼽자면 누구일까요?

김 : 저는 고등학교 ○○학교에서부터 지금 같이 대학교에 다니고 있는 언니가 있어요. 같은 대학은 아니지만 잘 맞아요. 왜냐하면 우리 같이 (북에서 와서) 여러 가지 모르잖아요. 지금 같이 배워가는 중이라서 뭔가 통하는 게

있어요. 공감대가 많아서 더 친하고, 어려운 게 있으면 나도 모르는 거 물어보고 그 언니도 나한테 물어보고 이런 관계예요. 그리고 한국 친구인데, 제가 처음에 기독교 동아리에 들어갔었어요. 제가 모르고 연합동아리를 신청했더라고요. 거기서 만난 애인데요, 저랑 동창이고 나이도 저랑 같아요.

전 : 아까, 네가 고향에서 왔다는 친구 얘기한 거 맞지?

김 : 네, 맞아요. 그리고 중국 친구도 사귀었고요.

전 : 그렇구나. 너희들만의 어떤 리그 같은 게 있지 않아요? 북한이탈주민 혜택 등 정보를 얻으려면 필요할 것 같거든요. 또 집에 가면 엄마 아빠 다 고향 분이시니까요. 뭔가 너희들만의 약간 리그라고 할까요?

김 : 살짝 저는 고향 친구들이 편하긴 해요. 뭐라고 할까, 벽 같은 게 없고, 걔네는 그냥 같은 환경에서 자라서 왔으니까요. 걔네랑은 뭔가 그런 게 있어요. 말을 안 해도 서로 아는 느낌. 그런데 그 친구들을 만나면서도 배우는 게 많지만, 지금 저는 여기에 적응하는 상황이라서 새로운 걸 많이 접해야하니까요. 남한 사람들을 많이 만나려고 하는 것 같아요. 뭔가 배우려는 게 있어요. 적응하는 데 도움을 받을 수 있으니까요. 그렇다고 북한 사람들을 안 만나고 그러는 건 아니에요. 북한 동아리도 다니고 있거든요.

전 : 북한 동아리는 뭐예요? 학교에 있는 거예요?

김 : 네, 학교 내에 있어요.

전 : 진짜? ○○대에 고향 사람들이 좀 있나 보네요.

김 : 한 열 몇 명 정도 있어요. 거기서 동아리 활동도 하고 있어요. 왜냐하면 그분들한테서 배울 게 엄청 많거든요.

전 : 그분들한테는 어떤 걸 배우는 것 같아요?

김 : 그분들은 나랑 같은 상황에 있고 같은 길을 걷고 있으니까요. 만약에 선배라고 하면, 그 선배가 2학년 때는 어떻게 했는지 알려주거든요. 이런 상황에서는 친구들이랑 어떻게 친해졌는지도 말해주고요. 같은 상황을 겪은

북한 사람이니까 쉽게 물어볼 수 있어요. 나의 어려움도 공유하고요.

전 : 아, 그렇구나. 내가 중년 탈북 여성들 인터뷰하는데, 여기 사람들 진짜 '정이 없다.'라고 하더라고요. 이 부분에 관해 어떻게 생각해요?

김 : 이거는 좀 아니라고 생각해요. 북한 사람들이 정이 많고 이기적이지 않다는 거죠. 사실 여기 사람들은 개인주의 성향이 강하잖아요.

전 : 확실히 그게 느껴져요?

김 : 그죠. 저희는 어릴 때부터 항상 그랬거든요. 만약에 뭐가 생기면, 예를 들어 계란을 산다고 하면, 각자가 다 먹겠다고 하지 않아도 그냥 나눠주고 같이 먹는단 말이에요. 그런데 여기 애들은 혼자 자기만 먹어도 전혀 불편해 하지 않더라고요. 그런 상황을 볼 때, 저는 내가 먹고 있는데 상대방이 안 먹고 있으면 불편해요. 차라리 제가 안 먹는 게 낫죠. (웃음)

전 : 그렇구나. 그렇다면 북한의 사회적인 네트워크에서 장단점을 꼽자면 어떻게 요약할 수 있을까요?

김 : 북한에서는 사람들끼리 친밀한 관계를 형성할 기회가 많아요. 그리고 그게 되게 좋은 것 같아요. 인간과 인간이 서로 어우러지는 느낌이죠. 여기서 우리 엄마도 하루 종일 핸드폰을 보거나 쇼핑하고, 여기는 이렇게 살잖아요? 북한의 엄마들은 대화로 풀어요. 서로 사람들 간에 대화하면서 뭐 했고, 누구 집은 어떻고 같이 노는 거예요.

전 : 그러니까 대면으로 만나서 서로 대화하고 그런 거군요. 직접 만나서 먹고, 근데 무슨 얘기를 그렇게 할까요?

김 : 엄마들이 하는 얘기가 별 얘기가 없어요. 그냥 일상 얘기를 하는 거죠. 여기서 부부랑 자식들이 저녁에 들어와서 얘기를 안 하잖아요? 뭐 애들 사춘기가 왔다고 하면서요. 거기는 사춘기를 모르거든요.

전 : 그래, 그 얘기 하더라고요. 사춘기라는 단어가 정말 없어요?

김 : 네, 없어요. 그런 단어 자체가 없어요. 저는 그런 게 되게 건강하다고 생각해요. (상대방과) 말을 하면서 상대방을 많이 알아간다고 보거든요. 대화

를 안 하면 혼자 생각해서 실수도 할 수 있고 오해도 생길 수 있는데, 대화를 통해 풀어가면 관계가 더 돈독해지는 것 같아요. 그런 게 되게 좋은 것 같아요. 친밀한 관계가 높아지는 느낌이 들죠.

전 : 왜 남북이 그렇게 다를까?

김 : 아마 사회 시스템 때문일 거예요. 북한은 아직 그렇게 발전하지 못했잖아요. 여기 옛날 '응답하라' 시리즈 아시죠? 그건 거의 북한 같아요. 그걸 보면 이웃과 음식을 나누고 왔다 갔다 하잖아요.

전 : 그래, 맞아요.

김 : 우리가 있을 때의 북한을 말하는 거예요.

전 : 그런 느낌이구나. 어떻게 보면 여기는 사람들끼리 잘 부딪히지 않으려고 하잖아요? 어쨌든, 사람이 사는 세상에서 고향의 문화는 건강한 측면이 있는 것 같기도 해요.

김 : 네.

전 : 나 어렸을 때 80년대만 해도… 이모네 집에 놀러 가면 그 빨간 담요 있잖아요? 촌스럽게 생긴 거. 그걸 친척 언니랑 함께 덮고 영화 보면서 자곤 했거든요. 얘기하다가 잠들고.

김 : 맞아요. 맞아요.

전 : 알지? 강시 같은 만화영화 보면서 무서워서 담요 뺏고 그랬는데, 발이 나오면 정말 무섭더라고요. (웃음) 그런데 언제부터인가 그런 경험이 사라진 느낌이 들어요. 그래서 가끔 그런 게 그리워지기도 해요. 뭐 때문에 이렇게 바뀌었을까…? 옛날에는 아무 생각 없이 친척 집에 가서 먹고 자고 놀곤 했는데. 아무튼, 그럼, 다음 질문으로 넘어가 볼까요? 여기 남한에서 인간관계의 장단점은 무엇일까요?

김 : 장점은 자기만의 시간을 엄청, 존중해준다는 거예요.

전 : (여기 남한은) 프라이빗한 걸 강조하잖아요. 그리고 자신의 욕구나 의견,

생각이 중요하죠. "내 마음이 이렇다, 내 생각이 이렇다." 이렇게 말할 수 있어요.

김 : 네, 맞아요. 내 공간도 중요해요.

전 : 내 공간… 그렇지. 내 공간은 노크하고 들어와야 하잖아. 이런 부분에 대해 어떻게 생각해요? 긍정적으로 보는 편인가요?

김 : 좋은 점도 있어요. 북한 같은 경우에는 허물이 없잖아요? 그런데 그런 점에서 쟤는 어쩌고, 저쩌고 쟤네도 어쩌고, 저쩌고 말이 엄청 많아요. 여기는 사적인 게 중요하다 보니까, 내 일이 끝나면 "오케이, 난 나만의 시간을 갖는다"라는 느낌이에요. 서로에 대해 별로 얘기를 안 하잖아요. 북한은 별별 것까지 다 간섭을 해요. 그 집에 음식물 쓰레기가 뭐가 나왔는지까지 살펴보고요.

전 : 쓰레기를 왜 봐요?

김 : 그런 걸 본다고 하더라고요. 왜냐면 어떤 장사를 해서 잘 사는지, 생활을 어떻게 하는지 궁금해하거든요.

전 : 약간 염탐하는 것 같이 느껴져요. 기분 나쁘잖아요. 내가 버린 쓰레기를 누군가가 뒤진다는 게 불쾌해요.

김 : 그죠. 그런데 그런 것도 있다고 하더라고요. 몰랐는데 알게 됐어요. 잘 사는 집이면 더 많이 그렇게 한다고 해요.

전 : 진짜? 그럼, 여린아, 여기 (북에서 같이 온) 어머니 아버지도 너의 그런 프라이빗한 사생활을 존중해주고 계세요?

김 : 아, 우리 집은 북한에 있을 때도 별 터치가 없었어요. (웃음) 그냥 각자 알아서 할 걸 하고 그랬어요.

전 : 그렇구나. 사생활을 존중해주는 편이네요. 그러면 사회적 네트워크에서 (남한의) 단점은 뭘까요?

김 : 그렇게 너무 '자기', '자기' 하다 보니까 인간관계에서 친밀한 느낌이 없어

지는 것 같아요.

전 : 친밀한 게 없는 느낌. 그러면 여린이가 생각하는 '친밀한 관계'란 뭐라고 규정할 수 있을까요?

김 : 친밀한 관계? 사람을 만날 때 그런 느낌이 있잖아요? 뭔가 하나의 커버를 쓰고 나가는 것 같은 느낌?

전 : 그래, 가면을 쓰는 거 같은 느낌?

김 : 나의 본모습을 다 보여줄 수 있는, 막 이상하게 입고 나가도 괜찮은 그런 관계랄까요. 다른 사람이랑 그렇게 하면 되게 불편하잖아요? 하지만 친밀한 사이면 충분히, 그렇게 할 수 있죠.

전 : 그래. 가면을 벗고 만날 수 있는 사이랄까. 그냥 뭐냐… 비비 크림 안 발라도 괜찮은 관계? 쌩얼? (웃음) 이런 사람이 있다는 게 정말 좋은 것 같아. 그치?

김 : 네, 맞아요.

전 : 고향에서 오신 분들이 지금 한 3만 4천 가까이 되잖아요. 그분들이 인간관계를 새로 시작해야 하고, 여린이 같은 경우에도 처음에 여러 가지 생각하다가 조금씩 바깥세상으로 발을 디뎠는데, 운이 좋게 알바 했던 레스토랑 주인도 잘 만났고, 학교에서도 친한 언니도 만나서 운이 정말 좋은 케이스라고 할 수 있을 것 같아요. 그런데 내가 만난 어떤 분은 정말 가혹하게 무시당하는 경우도 있었거든요. 일터에서. 또 어떤 분은 베이비시터로 취업했는데 (북한) 사투리 때문에 아이의 언어 발달에 영향이 간다고 해서 잘린 분도 계셨거든요. 그런 일 때문에 상처받는 경우가 많잖아요. 사람마다 다르겠지만 (북에서 오신 분들이 주로) 어떤 어려움을 겪는다고 생각해요? 인간관계에서.

김 : 네, 그런 게 있어요. 북한 사람이라고 하면 사실 다 외국인 같은 느낌이 강하거든요. 정해진 것 같은 느낌이 들어요. 한국인 신분이 있지만, 여전히 '외국인'이나 '탈북민'으로 불리잖아요.

전 : 그래. 그 사회적 시선이 안 좋지. 탈북이라는 자체가 늘 따라다니는 느낌일 것 같아.

김 : 네, 탈북민을 '한국 사람'으로 인정한다고 하지만, 사회에서는 여전히 그런 것이 있는 것 같아요. 그냥 '북한 사람'이나 '탈북민'이라고 하면… 미국인 느낌? 이방인 같은 느낌? 뭘 해도 앞에 뭔가 붙는 느낌이에요. 탈북이라는 말이 늘 따라다니는 거죠.

전 : 그렇구나. 그러니까 여기서 살 때 고향 분들이 탈북했다고 잘 말하지 않는 경우가 많은 것 같기도 해요. 자기 보호를 위해서. 어찌 보면 당연한 거지.

김 : 네, 맞아요.

전 : 만약 미국에서 왔다고 하면… "나 미국에서 왔어." 이렇게 어렵지 않게 말 하잖아요. 선진국에서 왔으니까 대체로 당당한 것 같고. 또 "나 영국에서 왔어." 이렇게 말하고요. 그런데 북한이라는 나라가 한국에서 이미지가 안 좋다 보니까 "나 북한에서 왔어."라고 당당하게 얘기하는 사람은 한 100 명 중에서 한두 명 될까 싶네요.

김 : 네, 진짜 엄청 대학에서는 저희가 재외국민으로 돼 있더라고요. 북한 사람 이라고요.

전 : 네? 그게 무슨 말이에요?

김 : 강의를 듣는데 저 앞에 앉거든요. 교수님이 외국인인 줄 아나 봐요. 그러니 까 그냥 나한테 자꾸 중국말로 얘기를 하면서 "알아듣냐?"라고 얘기를 하 는 거예요. 나한테 계속 번역을 해보라고 하는 거예요. 교수님이 물어보면 은 외국인으로 되어 있으니까 당연히… 중국인인 줄 알았다고… 제가 얘 기를 했거든요. "교수님, 저 중국인 아니에요. 그 중국어 잘 못해요." 이러 고 얘기를 했어요.

전 : 어디에 외국인으로 돼 있는 거예요?

김 : 학교 서류를 보면 출석 체크를 할 때 모든 정보가 나타나잖아요? (대학 수 업 중) '외국인을 위한 한국어'라는 과목은 외국인만 수강할 수 있는 과목

이에요. 저희 대학교에서 북한이탈주민들은 필수로 들어야 하는 과목입니다. 우리 학교 규칙이에요.

전 : 아, 대학 수업 말하는 거군요.

김 : 일단 필수라 들었거든요.

전 : 아니, 근데 한국어를 하는데 그걸 왜 들어야 할까요?

김 : 우리 학교에서 필수더라고요.

전 : 그러니까 약간 그런 데서 정체성의 혼란까지는 아니어도 약간의 불편함 같은 건 있을 것 같아요.

김 : 그죠. 교수님이 들어와서 얘기를 해요. 어느 나라에서 왔고, 몇 학번인지 다 얘기하라고요. 자기소개를 시키는 거죠.

전 : 진짜? 그럼, 뭐라고 소개했어요?

김 : 그냥, 북한에서 왔다고 했거든요. 그랬더니 순간에 애들 시선이 확 느껴지면서 "오~~" 이런 느낌?

전 : 음… 애들은 대부분 어디서 왔는데요?

김 : 중국, 홍콩, 미국 다 있어요. 뭐지 싶죠. 동물원 원숭이처럼. "와, 신기하다." 일단 저 혼자 들어가서 교수님한테 처음에 밝히기가 좀 그랬어요. 그런데 교수님이 맨날 자기 나라와 한국을 비교해서 계속 과제를 내주시더라고요. 그래서 밝히지 않고는 수업할 수가 없잖아요. 강의가 진행이 안 되니까, 교수님한테 조용히 "교수님, 저 북한에서 왔어요"라고 말한 거죠.

전 : 그러니까 교수님이 뭐라고 하세요?

김 : 교수님이 "그래요?" 이러면서 얘기를 하셨어요. 교수님한테 잘 보여서 그런지, 북한에서 온 사실을 밝히고 싶지 않으면 안 밝혀도 된다고 하셨어요. 그런데 제가 한번 도전해 보겠다고 (북한에서 온 걸) 밝혔거든요. 밝혔는데 오히려 편했어요. 강의 들어갈 때마다 오히려 편했어요. 근데 언제였지? 처음에 그걸 듣기 전에 두 개인가 세 개 들어야 하는데, 한 강의를 들

을 때 교수님이 자기 나라 소개하라고, 크게 하라고 하셔서 강의실을 나왔어요. 〈한국 사회의 이해〉란 과목이었어요.

전 : 그랬구나. 난감했겠어요. 그럼, 고향 사람들만의 (인간관계에서의) 강점이 어떤 게 있을까요? 난 대략 북한출신분들 10년 이상 인터뷰하면서 느낀 건, 다 그런 건 아닌데 여기 한국에서 태어난 분들과 인터뷰할 때랑 고향 분들과 인터뷰할 때 느낌이 약간 다른 거예요. 물론 제 주관적인 느낌이고 제 편견일 수도 있는데, 대체로 북한에서 오신 분들이 사회성이 되게 좋은 것 같아요. 그리고 허물없이 솔직한 편인 것 같아요. 제가 느낄 때는요.

김 : 네, 저 같은 경우에는 "밥 먹자"라고 하면 진짜로 밥 먹자고 얘기하거든요.

전 : 응, "밥 먹자" 하면요.

김 : 네, 그런데 여기로 와서 알게 된 게 있어요… 그게 인사말일 수 있다는 사실을요.

전 : 음. 그래, "우리 언제 봐요"라고 헤어질 때 말하곤 하죠.

김 : 이런 부분이 되게 불편했거든요. 그리고 여기서는 돌려서 말하는 게 많은 것 같아요. 그게 사람을 불편하게 할 때도 있고요. 차라리 직설적으로 얘기하는 게 나은 것 같기도 해요. 그게 강점이 될 수도 있지만 장점이 단점이 될 수도 있겠죠. 상대방에게 직접적으로 타격을 주니까요.

전 : 장단점일 수 있죠. 그런데 이게 언어학 연구에서 꽤 많이 나왔어요. 고향 분들이 직설적인 화법을 쓴다는 거예요. 지금 여린이가 말한 대로, 특히 여기 사람들은 약간 돌려서 얘기하고 속으로는 A로 생각하는데 B로 말한다든지? 그런 게 상대적으로 많은 것 같긴 해요. 내가 만난 고향 분들은 그냥 좋으면 좋다, 싫으면 싫다. 여린이가 말한 대로, 밥 먹자고 하면 진짜 그냥 밥을 먹는 거예요. 인사치레가 아니라. 약간 그런 게 있는 것 같아요.

김 : 네, 그런데 북한 분들은 필터가 없어요. 그래서 같은 필터가 없는 사람끼리 만나면 괜찮은데, 그렇지 않은 마음이 약한 사람들은 상처를 많이 받겠죠?

전 : 그렇구나. 여기 애들이 돌려 말하는 부분, 처음 왔을 때 그런 게 어떻게 느

껴졌어? 어떤 아줌마는 '한국 사람들이 가식적이다.'라고 하면서 욕하는 분도 봤거든요.

김 : 아니죠. 직설적으로 얘기하는 경우에는 자기처럼 생각하고 얘기하는 거예요. 그런데 여기서는 그게 아니잖아요. '내가 이게 불편하니까 이렇게 말하면 네가 알아서 이해해 줘.'라는 거잖아요. 그것도 하나의 배려일 수 있거든요. 상대방에 대해서 가식적이라고 생각하기 전에요. 그리고 같은 말을 해도 직설적으로 얘기하는 것보다는 기분 안 나쁘게 할 수 있는 방법이 있잖아요. 그런 부분이 너무 과하면 그냥 가식적이라고 느낄 때도 있긴 하죠. 저게 진심인지 사실 다 알잖아요. 솔직히 인간적으로 놓고 보면 상대방이 무슨 생각을 하고 있는지는 다는 몰라도, 얼마만큼은 알 수 있잖아요?

전 : 느낌으로? 감으로.

김 : 그죠. 굳이 어떤 감정을 느끼면서도… 굳이 아닌 척? 이런 거 다 알지 않나요?

전 : 그러면 고향 사람들이 이렇게 배려하고 하는 거 좀 배워야 한다고 봐요?

김 : 많이 배워야 한다고 봐요. 왜냐하면 이렇게 하면 사실 손해를 많이 보는 것 같아요.

전 : 진짜? 어떤 면에서 손해를 보게 되는 걸까요?

김 : (그렇게) 하고 싶으면 하니까… 같은 말을 하는 건데, 돌려서 말하면 상대방이 기분 안 나쁘게 받아들일 수 있죠. 직설적으로 얘기하면 상처를 받을 수 있어요. 그럼, 상처를 받은 사람이 관계를 더 이어가고 싶지 않겠죠? 그런 상황들도 발생할 수 있죠.

전 : 약간 여기 문화를 조금씩, 어찌 보면 배운다? 이 표현이 맞나?… 배워야 할 필요도 있겠다. 그런 생각이 드는 거군.

김 : 그렇죠. 그냥 로마에 가면 로마의 법을 따라야죠.

제4장 내 일상을 그대로 보여주는 느낌(청진, 2018년 입남, 20대 중반, 남성)

2000년생입니다. 지금 대학을 다니고 있고 연예인 매니저로 일하고 있어요. 북한 분들은 사람에 대한 관심이 아주 높죠. 여기 와서 누가 핸드폰으로 쿠폰을 주면 좀 그렇더라고요. 우리는 선물을 좀 정성껏 하는 편이었거든요. 예를 들어 꽃다발 같은 걸 주기도 하고요. 또 여기 친구들이 더치페이하는 게 좀 정이 안 간다고 해야 할까요? 처음 왔을 때 대부분 적응하지 못했을 겁니다.

요즘은 목표와 꿈이 있는 사람들과 어울리는 편이에요. 연예인 매니저를 하다 보니까요. 또 배우를 하려고 학원에 다니면서 저도 여기서 꿈이 생겼어요. 〈사랑의 불시착〉의 현빈 같은 역할을 해보고 싶습니다. 원조 북한말과 한국식 북한말은 차이가 있더라고요. 요즘 한국식 북한말을 배우고 있어요. 카메라 앞에 서는 게 의외로 잘 맞아서 열심히 해볼 생각입니다.

한 달 전에 북한 부모님과 통화했어요. 북한 사정도 조금 들었고요. 제가 북한에서 왔다는 걸 지금은 막연하지만, 영화와 연관시켜 의미 있는 일을 해보고 싶습니다.

* 인터뷰 일시 및 방식 : 2024년 5월 29일 (비대면)

* 인터뷰어 : 전주람

* 인터뷰이 : 박민규(가명), 청진, 대학생, 연예인 매니저

전 : 사회공동체에 관한 얘기거든요. 질문 미리 보내드렸었죠? 어떻게 보면 되게 쉬운 얘기 같은데, 또 어떻게 보면 어렵고 그런 얘기일 수 있죠. 일단 간단하게 소개해 줄 수 있어요?

박 : 안녕하세요. 저는 함경북도 청진에서 태어났고, 2018년에 한국에 왔어요. 지금은 대학교에 다니고 있으면서 알바를 하고 있는 박민규라고 합니다.

전 : 알바는 어떤 거 하고 있어요?

박 : 여러 가지 많이 해봤는데, 요즘은 매니저를 하고 있어요.

전 : 매니저? 어떤 거예요?

박 : 연예인 매니저 하고 있어요.

전 : 아, 그렇구나. 더 깊이 여쭤보면 곤란할 것 같아요. (웃음) 본론으로 들어가 봅시다. 저는 여기서 2014년도부터 고향 친구들 인터뷰하고 있거든요. 그런데 몇몇 분들이 이런 얘기를 하더라고요. '여기 남한 사람들은 정이 없다.' '가식적이다.' 그리고 '북한 사람들은 살갑고 친밀하다.' 이런 말들. 이런 부분에 대해서 어떻게 생각하는지 궁금해요. 물론 문화가 70년 넘게 떨어져 있다 보니까 다른 부분이 있는 건 어찌 보면 당연한 것 같아요.

박 : 한국과 북한의 차이점이라면, 개인적으로 봤을 때, 일반적이지만 '밥 먹자'라고 했을 때 북한에서는 꼭 먹어야 하는 그런 게 있어요.

전 : 아, 그 얘기 많이 하시더라고요. (웃음)

박 : 그럴 때 '왜 안 먹지?'라는 생각을 했거든요. 그런데 한국은 그냥 인사말로 한다는 걸 나중에 알게 된 거죠. 그 부분에서 오해할 수도 있는 거고요.

전 : 그죠.

박 : 그리고 더치페이 문화도 있잖아요. 그런 것도 친구지만 어느 정도 선이 있구나, 라는 생각이 들어서 정이 안 간다고 할까요? 저희 고향은 그런 더치페이 문화가 없다 보니까, 그냥 살 수 있으면 한 사람이 다 사는 그런 문화가 있거든요.

전 : 나눠서 (돈을) 내고 그러진 않는군요.

박 : 네, 그렇죠. 그래서 한국은 더치페이 문화가 좀 있다 보니까, 처음 오신 분들이 생소하지 않을까 생각했어요. 저도 개인적으로 생소했었고요.

전 : 근데 난 여기서 태어났잖아요. 그런데 더치페이 문화 별로 안 좋아해요. 나도 가끔 정이 없게 느껴지거든요.

박 : 아, 그래요? (웃음)

전 : 좀 되게 사람이 매정해 보이고 그런 것 같기도 하고. 뭔가 애매할 때도 있고. 만약에 얼마 나왔는데 딱 안 떨어지는 금액도 있고. (웃음) 참, 얼마 전에 북에서 온 한 청년이 알바 했다고 내게 선물을 사줬는데, 정성스럽게 건네주는 거예요.

박 : 맞아요. 그렇죠. 북한 사람들은 친구들이랑 모였을 때 선물도 정성 들여서 해주는 편이에요.

전 : 그렇구나.

박 : 생일 때 쿠폰 하나 주고 그런 걸 보면서, '아, 이게 차이구나.'라는 걸 알게 되는 거죠.

전 : 아, 그래? 나도 쿠폰 잘 주는데… 그러면 고향 애들은 쿠폰 전달하고 이런 건 잘 안 해?

박 : 쿠폰 전달은 별로… 꽃다발이라든가 이런 걸 주기도 해요.

전 : 아직도 낭만이 남아 있는 것 같아. 그러니까 문화가 다른 거지. 그럼, 여기 사람들이 쿠폰 주고 이러면 처음에는 조금 어색하기도 하고, 약간 불쾌하거나 그런 게 느껴질 수도 있어요? 주는 사람 의도랑은 다르게?

박 : 불쾌까진 아니어도… 개인적인 상황은 좀 다르겠지만, '이 사람 쿠폰을 주네, 그럼 나도 다음에 이분 생일에 쿠폰을 줘야겠다.' 이런 생각을 하죠. 그런 선이 좀 있는 거죠.

전 : 그러니까 그게 되게 익숙하지 않고, 그걸 받았을 때 좋고 이런 분위기는 아

닌가 봐요.

박 : 그렇다고 꼭 그렇지만은 않고요. 여기 문화가 있으니까요.

전 : 그렇군요. 북한 고향의 사회적 공동체, 즉 인간관계의 특징이라고 할 수 있
는 걸 세 가지 꼽자면 무엇이 있을까요?

박 : 나눔, 그리고 되게 친밀한 거, 우정이랄까 사랑이랄까. 그냥 사람들이 서로
너무 관심이 많은 것 같아요. 여기보다 더 친밀하고 관심이 많다고 할까요.

전 : 몇 년생이죠?

박 : 2000년생이에요.

전 : 그렇구나. 그럼, 여기 와서 사람들이 어떻게 느껴졌어요? 이기적이라고 느
껴진 부분이 있을까?

박 : 그보다는 이게 자본주의구나, 라는 생각을 좀 했어요.

전 : 그렇군요. 특히 어떤 면에서 어떤 경험을 했을 때 이게 자본주의구나, 이런
느낌을 가졌어요?

박 : 개인적으로 결혼식 할 때 부조금을 얼마 낼 건지, 돈을 따지는 그런 부분들
이요. 돌상에 얼마 내냐 이런 게 딱딱 정해진 것 같더라고요. 근데 북한은
정해지지 않거든요. 한국은 거의 정해져 있구나. 그리고 돈에 대해서 너무
예민한 부분이 좀 있구나 그런 느낌이 들죠.

전 : 아, 그렇구나.

박 : 그래서 그런 부분이 좀 다르다고 느꼈죠.

전 : 그러면 북한은 정해져 있지 않으면, 뭐 얼마나 해주는 거야? 자원에 한계
가 있잖아요.

박 : 한계가 있죠. 그러니까 그냥 내가 하고 싶은 만큼 하는 거예요. 딱 정해지
지 않고요.

전 : 아, 그러니까 딱 정형화되어 있지 않다는 거죠? 친하면 20만 원 줄 수도

있고, 좀 아는 사이라면 10만 원 줄 수도 있고.

박 : 네, 딱 정해져 있지 않다는 게 핵심이죠.

전 : 여기 와서 되게 이상하게 느껴졌겠어요. 마음 가는 대로 했었으니까요.

박 : 네, 그렇죠. 근데 이렇게 살다 보니까 그게 더 좋습니다.

전 : 아, 그래요? 그럼 궁금한 게 한 예로 생일 선물로 얼마까지 해줘 봤어요? 어디까지 해줄 수 있어? 베프인 경우에.

박 : 50만 원.

전 : 친구 생일 선물로요?

박 : 네, 그만큼 또 받았다 보니까 해줬던 것 같아요.

전 : 그러니까 베프랑은 서로 50만 원 정도의 선물을 주고받을 수 있는 거군요. 근데 50만 원이 되게 큰돈이 아닌가요?

박 : 큰돈이죠.

전 : 그럼, 여기서 태어난 애들이랑은 어떻게 생일을 보내는 편이에요?

박 : 어떤 면에서는 개인적으로 남한 문화가 더 좋거든요. 예를 들면 생일에 너무 많은 걸 해주려고 하다 보니까 생일이 많으면 많을수록 부담스럽잖아요. 그런 게 저는 싫은 것 같아요. 그냥 없으면 없는 대로 해줘야 하는데, 없어도 해줘야 하는 그런 상황들이 벌어지다 보니까, 여기가 더 좋다 이렇게 생각하고 있습니다.

전 : 아, 그러니까 뭐가 자원이 한계가 있으니까. 친하면 다 해주고 싶은데 그럴 여건이 되지 않았을 때는 여기가 더 낫다는 거네.

박 : 네, 맞아요.

전 : 근데 궁금한 게, 내가 알기로는 고향은 마을 문화잖아요. 마을 문화, 이게 마을 문화라고 쓰는 용어가 맞나? 어쨌든 명절이 되면 우리 집 어른이 아니어도 동네 어른한테 인사도 가고 그런다고 하던데 몇 분이.

박 : 저는 가본 적은 없습니다.

전 : 아, 그래. 그럼, 옛날이야기인가? 그럼, 명절이나 이럴 때는 주로 어떻게 보냈어요?

박 : 부모님에게 설 인사하고, 아니면 가족 친척들한테 설 인사하고 그렇게 보냈던 것 같아요. 아니면 친구들 집에 가서 친구 부모님에게 인사하고 같이 친구들이랑 놀고 그랬어요.

전 : 아, 그랬군. 거기서 폰 많이 썼어요?

박 : 핸드폰이 있긴 하지만 한정된 돈이 있다 보니까 오래는 못하거든요. 그렇다 보니 만나서 대화하는 게 더 효율적인 거죠. 만나는 비율이 더 많은 거랄까요. 그래서 비대면보다 대면이 많은 거예요.

전 : 폰이 얼마씩 사서 충전하는 방식인 거야? 칩처럼?

박 : 네, 여기 외국인들처럼 충전식으로 해서 통화를 하는 거예요. 근데 그 충전기 용량이 너무 적다 보니까 거의 며칠 쓰면 다 나가버리는 거죠. 돈에 따라 다르지만, 그렇게 짧은 주기로 떨어지는 상황이다 보니까 통화를 별로 잘 안 하는 거죠.

전 : 그러니까 만나서 얘기할 수밖에 없는 상황이 오는 거군요. 어쨌든 거기는 집에서 집으로 가는 문턱이 참 낮은 것 같아요.

전 : 여기는 누구 집에 초대하려면 막 청소하고 이런 거 되게 많이 하거든요. 거기도 그런가요?

박 : 아뇨. (웃음) 일상적으로 다른 분들이 계속 오다 보니까 굳이 치울 필요가 없고, 매일 오는 친구들은 어지럽혀도 괜찮다 보니까 신경 안 쓰죠. 우리 일상이니까 이렇게 데리고 오고 해요. 한국은 그런 친구들 별로 없잖아요. 여기 친구들은 한번 사람들이 오면 되게 깔끔하게 치워야 하고 그런 거죠. '나는 깔끔하다'라는 생각이 좀 있어야 하다 보니까, 거기는 거의 매일 하루에도 한 두세 번 오니까 신경 안 써요.

전 : 아니, 뭐 때문에 그렇게 오는 거예요? 뭐 때문에 그렇게 집에 자주 와요?

박 : 그냥 친구들이 있고, 친구들이 놀러 오는 것 같은데요. 놀러 오는 거예요. (웃음)

전 : 그러니까 그 문화가 참 다른 것 같아요. 여기는 대체로 무슨 행사 때 집에 초대하고 하거든요.

박 : 고향은 내 일상을 그대로 보여주는 느낌이랄까요. 더 인간적인 그런 게 있는 것 같아요.

전 : 그러면 애들이 그렇게 집에 놀러 올 때 불편하거나 그런 건 없었나요?

박 : 없죠. 왜냐하면 친구들이 온다는 건 내가 인기가 있다는 거거든요. 나한테 친구들이 많다는 느낌이라서 좋은 거예요.

전 : 기분 좋은 일이군요. 반대로 여기 남한은 프라이버시를 잘 존중해주는 문화에 살잖아요. 그런 북한 문화를 경험하다가 여기 남한에 사니까 어때요?

박 : 여기는 뭔가 나 혼자 있고 싶다고 하면 딱 그 선을 지켜주는 그런 부분이 너무 좋아요. 북한은 집끼리 너무 개방적이다 보니까 내 옆집 사람도 우리 집 상황을 모두가 알게 되거든요. 동네가 집집마다의 상황을 다 알다 보니까 그게 너무 싫었던 부분이 있었던 것 같아요. (지나고 보면) 북쪽은 좀 인간미는 있는데 여기가 잘 맞아요. 사람 사이에 거리가 있는데 그 거리가 너무 좁혀지면 부담스럽거든요. 하지만 고향 사람들을 보면 너무 EQ적인 그런 마인드가 좋고, 감성적인 그런 마인드를 저는 좋아해요.

전 : 아, 감성적인 거.

박 : 뭐, 아팠구나. 그래, 뭐 해줄까? 뭘 좋아해? 반찬이라도 해줄까? 혼자 살면 다음 날에 와서 도시락도 사주고 그런 게 너무 좋은 것 같아요. 근데 한국은 그런 문화는 없죠. 북한 사람들은 너무 감성적이다 보니까 이성적이고 그런 것도 좀 필요할 것 같아요. 살면서 아무래도 너무 감성적이다 보면 과하게 되는 것들이 있거든요. 가끔 객관적으로 따져보는 것도 좋지 않았을까, 이런 생각을 해봤어요. 그러니까 한국과 북한 모두 각기 좋은 점이 있다고 생각하고 있습니다.

전 : 장단점이 있는 거네요. 아까 여기가 더 잘 맞다고 했는데, 개인주의에 대해 어떻게 생각해요?

박 : 나의 프라이버시가 확실한 거죠. 그 선을 내가 아닌 다른 사람이 이끌어주려고 하는 게 너무 싫어요.

전 : 그렇구나. 그럼, 고향에 있을 때랑 달리 여기서 좀 변한 부분이 있을까요?

박 : 개인적으로 되게 소심하거든요. 그리고 나만의 공간이 필요했었고요. 저만의 공간을 넘으려고 하는 친구들과 다른 애들이 있다 보니까 불편한 점이 있었는데, 여기는 그렇지 않다 보니 좋아요.

전 : 아, 어쩌면 스타일이 안 맞았었는데 환경이 그렇다 보니까 살았을 수도 있겠네요.

박 : 네.

전 : 나만의 어떤 인간관계 특징이라고 하면, 특징이 있다고 얘기해 줄 수 있어요?

박 : 팩트요? 뭐랄까. 한국분들은 싫은 말을 안 해요. 까는 말을 안 하거든요. 그냥 돌려서 말하잖아요. 간접적으로. 이런 부분들이 되게 다르다고 많이 느꼈던 것 같고 북한 분들은 좀 다른 것 같습니다.

전 : 그치. 거기는 좀 직접적인 스타일인가요?

박 : 네, 대체로 그래요. 직설적으로 말해요. 아니면 아니고 맞으면 맞고 하는 부분들이 있거든요. 물론 그게 좋은 부분들은 아닙니다. 개인적으로는 별로 안 좋다고 생각해요.

전 : 그렇군요. 여기 친구들은 북쪽 친구들이 많아요?

박 : 그렇죠. 거의 고향 친구들이 많아요. 여기 애들하고 대화하려고 했을 때 공감대가 안 통하는 부분이 있거든요. 뭐 어린 시절은 이렇게 자랐고 이런 재미난 것도 있었고, 저런 재미난 것도 있었고 노래를 들었을 때 우리는 이런 노래를 들었어, 뭐 이런 말들 할 때 공감이 되잖아요.

전 : 그죠. 맞장구도 쳐주고.

박 : 한국분들이 그렇게 말하면 완전, 생소해하죠.

전 : 그러니까 공감대가 안 통하는 거네.

박 : 좀 안 통하는 것 같아요. 그래서 사회생활은 한국분들이랑 하는데, 제 친구들 사귀는 건 개인적으로 좀 공감이 되고 편하고 즐거워지려고 하다 보니까 고향 친구를 많이 사귀고 있습니다.

전 : 그럼, 학교생활은 어때요? 동아리도 하고 해요?

박 : 네, 동아리는 있어요. 그리고 저는 북에서 온 걸 거의 오픈을 많이 하거든요. 제가 알던 친구들은 그런 편견이 좀 없었어요. '그냥, 북한에서 왔구나.' 그래요.

전 : 평등하게 대해주나 보네요. 좋은 친구들이 주변에 많은 것 같아요. 공부는 뭐 할 만해요?

박 : 괜찮습니다. 경영학과를 졸업할 건 아니어서 복수전공 하려고 해요.

전 : 그렇군요. 앞으로도 5년, 10년 지나도 주변에 고향 친구들이 더 많을까요?

박 : 개인적으로 친한 분들은 고향 사람들이 좀 많을 것 같아요. 근데 일적으로는 고향 사람들과 별로 안 하는 편이에요. 일이랑 개인 생활이 좀 다르다고 생각하고 있거든요. 일이라는 건 좀 사회잖아요. 일은 사회를 같이 살아가는 사람들이랑 해야 하는데 친구들이랑 좀 안 맞는 것 같거든요. 제가 배워야 하는 입장이잖아요. 한국 사람들한테 배워야죠. 그래서 거기에 더 잘 배울 수 있겠다고 생각하고 있습니다.

전 : 그건 그럴 것 같아요. 아무래도 여기 오래 살았던 사람들이고 하니까. 인간관계에서도 시간이 지나면서 좀 바뀐 부분이 있다고 생각해요?

박 : 많이 달라졌죠. 요즘은 이 사람이 어떤 생각을 가지고 살고 있느냐에 따라 친하고 안 친하고 갈리는 것 같아요. 누군가와 대화를 해봤을 때 목표를 세우고 사는 사람들, 꿈이 있는 사람들은 좀 다르더라고요. 저도 꿈이 있는

사람들과 함께하다 보니까 많이 바뀌었어요. 나도 그런 사람이 되어야겠다, 목표 있는 사람이 되어야겠다 싶더라고요. 그래서 포부도 있고 꿈이 있는 사람을 좀 만나야겠다는 생각이 들어요. 그런 삶을 살아야겠다는 생각이 진짜 바뀐 것 같아요.

전 : 음… 진지하게 고민하고 있네요. 그럭저럭 흘러가는 삶을 사는 게 아니라 목표 중심적이고 성취도 이루고 싶은 거잖아요. 나중에 성공하면 뭐 하고 싶어요?

박 : 나눔이라고 할까요?

전 : 가치관이 사회에서 필요로 하는 걸 누군가와 나누고 싶은 거군요. 뭔가 사회적으로 가치 있는 사람이 되고 싶은 걸까요?

박 : 네, 맞아요.

전 : 앞으로 사람들과의 관계에 대한 그림이 어떻게 변하면 좋겠어요?

박 : 융합됐으면 좋겠어요. 일적으로는 여기 사회에서 일하는 거지만 그 안의 핵심은 저희 고향에 관련된 주제로 일을 할 것 같아요. 그래서 친구들의 도움뿐만 아니라 그런 커뮤니티를 활용해서 일로 확장하고 싶습니다. 제가 연기를 하고 있거든요. 진짜 학원 열심히 다니고 있어요. 배우가 꿈이거든요. 북한에서 왔으니까 북한 배역도 알겠지만 남한 배역도 더 확실하게 할 수 있는 사람이 되고 싶어요. 한 달 전에 부모님이랑 연락했는데 북한 상황은 어떠하다고 해요. 그런 커뮤니티를 통해서 일과 연결할 수 있지 않을까, 하는 생각을 하고 있거든요.

전 : 진짜 너무 멋있는 생각이에요. 연습하면 북한역, 남한역 다 할 수 있잖아요. 북한 사투리 잊어버리려나? (웃음)

박 : 맞아요. 배우고 있어요. 얼마 전에 북한 대사를 받았어요. 카메라로 찍어서 보니까 원조 북한말이랑 남한에서 쓰는 북한말이 좀 다르더라고요. 그래서 한국에서 쓰는 북한말을 지금 배우고 있습니다.

전 : 그렇게도 다를 수 있군요. 그래서 무슨 역 하고 싶어요? 특별히 하고 싶은

역할 있어요?

박 : 개인적으로는 주연이고요. 예를 들면, "사랑의 불시착"에서 현빈과 같은 그런 역할을 해보고 싶습니다.

전 : 진짜 너무 재밌을 것 같아요. 근데 아까 내향적이라고 했잖아요. 카메라 보고 이런 데 어려운 점은 없어요?

박 : 생각보다 카메라 앞에 서는 걸 그렇게 두려워하진 않더라고요. 기대가 되고, 제가 카메라에 어떻게 비치는지, 어떤 딕션인지 궁금해요.

전 : 잘 맞나 보네요. 그럼, 다음 질문으로, 여기 남한 사람들이 이기적이다, 정이 없다, 이런 말들 많이 하시던데, 이 부분 어떻게 생각해요?

박 : 그런 편인 것 같습니다.

전 : 그래요? 제가 상상해 본 적이 있는데, 내가 북한에서 남한으로 갔다면 어떤 일상을 살아갈까? 조금 외로울 것 같아요. 왕래가 많던 데서 살다가 학교 끝나면 각자 놀 때가 많고. 또 거꾸로 내가 북에 가면 어떨까, 상상해 봤거든요. 택배가 안 되니까 불편할 것 같다, 이런 생각한 적 있거든요.

박 : 그럴 수도 있을 것 같아요. 전 혹시나 다시 북에 간다고 했을 때 찬물과 더운물이 안 나와서 좀 불편하지 않을까 생각하고 있습니다.

전 : 그렇군요. 북에서 오신 몇몇 어르신들한테 들었는데, 여기 오면 뭐 일을 하더라도 사회적인 네트워크가 없으니까 너무 힘들다는 거예요. 나가서 노가다를 하든 뭐를 해도 아무것도 모르니까 그런 것 때문에 일자리 잡기가 힘들다고 하신 분이 계셨거든요. 어떻게 하면 고향 분들이 여기 와서 편안하게 지낼 수 있을까요? 모르는 게 많잖아요, 처음에는.

박 : 맞아요. 개인의 노력이 더 필요하다고 생각해요.

전 : 구체적으로 어떤 부분에서요? 어떤 청년은 밖에 나가기가 겁나서 집 밖을 1년째 못 나가는 거예요.

박 : 그럼, 왜 왔죠? 여기 질문을 하고 싶습니다. 더 잘살아보고 싶어서 여기 왔는데, 그렇게 하려면 위험하게 자기 목숨을 걸고 올 이유가 뭐가 있나 싶습니다.

전 : 그렇군요. 여기 남한에서 태어난 사람들은 어떤 강점이 있다고 생각하세요?

박 : 장점이라고 했을 때, 노력하는 것 같아요. 물론 북한도 마찬가지겠지만, 여기는 새벽에도 저녁에도 사람들이 다니잖아요. 새벽 3시, 4시에도 일하러 다니는 사람들이 많다 보니까 그런 것에 대해 존경심이 생겨요. 나도 더 잘 살아야겠다는 생각이 들어요.

전 : 네, 현재 사회적인 네트워크를 스스로 평가해 보면, 0점에서 10점이라고 했을 때 몇 점 정도 줄 수 있을 것 같아요?

박 : 한 7점?

전 : 대체로 높네요. 그러면 거기서 조금 더 1, 2점 높이려면 어떤 걸 하면 점수가 더 높아질 것 같아요?

박 : 시간이 좀 있으면 높아지지 않을까 싶어요.

전 : 시간이 어떤 의미예요?

박 : 시간이 많으면 친구들을 만나게 될 것 같거든요. 지금은 시간적 여유가 좀 없거든요.

전 : 그렇군요. SNS는 사용하는 편이에요?

박 : 네, 저의 일상이니까요. 오늘 여자 친구랑 어디 놀러 갔고, 카톡보단 인스타로 올려서 제 일정을 확인해요. 확인하고 싶어서 올리는 그런 느낌이랄까요.

전 : 그렇구나. 풍경이 좋거나 그런 걸 올리면 기분이 좋아지기도 하고. 그럼, 마지막 질문이에요. 남북인들 사이에 잘 융화되지 못하는 부분이 있다고 보나요? 그렇다면 그 원인은 뭐라고 생각하세요?

박 : 한국분들이랑 만나게 되면 나는 북한 사람이니까, 북한 사람이라는 이미지를 대표하는 것 같은 느낌이 들어요. 그래서 내가 조금이라도 잘못하면 북한 사람들이 이렇구나, 하고 생각할까 봐 조심스럽게 대화하는 것 같아요. 그러다 보니까 선을 지키려고 하고, 대화를 좀 정제해서 하는 기분이 들어요.

전 : 아, 그렇구나. 주민등록증은 남한인으로 나오지만, 북한에서 온 사실을 떼고 허심탄회하게 사람들과 대화하지는 못하는 느낌이네요.

박 : 그렇죠.

‖ 참고문헌

김덕우. (2016). 북한 사회의 형성과 안정성에 대한 연구 (석사학위 논문). 동국대학교 서울.

김성보. (2012). 북한의 역사 1. 서울: 역사비평사.

박영균. (2022). 남북의 가치충돌 양상에 대한 예측적 연구 2: 사회공동체. 통일인문학, 89, 47-79.

박치현. (2024). 탈콧 파슨스의 '사회공동체' 이론: 현대사회에서 연대체계의 형성. 사회와 이론.

문화체육관광부 국립국어원. (2024.08.09.). 사회공동체. 우리말샘. https://opendict.korean.go.kr/dictionary/view?sense_no=695815&viewType=confirm

벤튼 존슨, 박영신 옮김. (1981). 사회과학의 구조기능주의: 파슨스 이론의 이해. 서울: 학문과 지성사.

네이버 국어사전. (검색일: 2024.09.23.). 담지체. 네이버 국어사전. https://ko.dict.naver.com

네이버 국어사전. (검색일: 2024.09.23.). 기능적 분화. 네이버 국어사전. https://ko.dict.naver.com

파슨스, 탈콧. (1989) [원1966]. 사회의 유형 (이종수 역). 기린원.

파슨스, 탈콧. (1999) [원1971]. 현대사회들의 체계 (윤원근 역). 새물결.

Parsons, T. (1969). Politics and Social Structure. New York: Free Press.

Parsons, T. (1951). The Social System. Glencoe: Free Press.

○ 저자소개

■ 글

전주람 (Jun Joo-ram) ramidream01@uos.ac.kr
서울에서 태어나 성균관대학교에서 가족학(가족관계 및 교육, 가족문화)으로 박
사학위를 취득하였다. 2017년 7월부터 2019년 6월까지 서울시립대학교 교육대
학원에서 교수학습·상담심리 연구교수로 재직하였으며, 현재는 서울시립대학교
교직부 소속으로 〈심리검사를 활용한 심리치료〉와 〈심리학의 이해〉를 가르치고
있다. 또한 서울가정법원 상담위원으로 2014년부터 현재까지 활동 중이며, 2022
년부터는 통일부 통일교육위원으로도 활동하고 있다. 지속적인 연구 관심사는 가
족관계, 심리상담, 문화갈등, 남북사회통합 등이다. 주요 논문으로는 「50~60대 북
한이주남성들의 일 경험에 관한 질적 사례연구 : 일의 심리학 이론을 중심으로」,
「20대 이혼을 결심한 신혼기 부부에 관한 가족치료 사례연구」, 「북한이주민과 근
무하는 남한 사람들의 직장생활 경험에 관한 혼합연구」 등 60여 편이 있으며, 저
서로는 『절박한 삶』(2021년 서울대학교 다양성위원회 선정도서), 『21세기 부모
교육』(2023년 세종도서 학술부문 선정도서), 『북한이주민과 지역사회복지』(2024
년 학술원 우수학술도서 선정도서), 『공감을 넘어, 서로를 잇다』(2024) 등이 있다.
2016년 KBS 〈생로병사의 비밀 : 뇌의 기적〉 600회 특집에 부부상담사로 출연하였
고, 2021년 KBS 통일열차 일요초대석, 2024년 BBC Korea에도 출연하였다.

곽태환 (Gwak Tae-hwan) econoth@nate.com
서울에서 태어나 고려대학교에서 사회학 박사 과정을 수료하였다. 통일 정책과
통일 이후의 사회통합을 주제로 다양한 분야의 연구를 수행하였고, 공군 학사장
교 129기로 2012년 임관하여 정훈장교로 복무한 후 2020년에 전역했다. 2017년
석사 학위 논문으로 '북핵에 대한 한국 정부의 대응 정책에 관한 연구'를, 2018년
에는 '북한 3세대 최고지도자의 리더십'에 대해 연구하였고, 2019년과 2020년에
는 정책 기획 보고서인 '대한민국 국방력의 퀀텀 점프를 위한 제4 병종의 창설'

과 '대통령 전용기 도입에 관한 보고서'를 작성했다. 2021년에는 '신(新)안보 시대에서 새판짜기 : 국민 우선주의를 향하여'라는 논문으로 국가안보전략연구원 논문 공모대회에서 입상했다. 국방부 직할 기관인 국방정신전력원 전문 연구원으로서 육군본부에서 의뢰한 'AI 미래 정신전력 플랫폼의 평가 도구'(공저, 2021), '지금 그들은 : 육군 신임 공보정훈장교의 100일'(2022), '군악 운영 실태와 개편 방안'(2023), '군가 가창 활성화 방안 연구'(2024) 등의 보고서를 작성하여 정책에 실제로 반영된 유효한 대안을 제시하였다. 또한 '다문화주의에서 조명한 국군 정신전력 기본 교재의 국가관'(2023), '정명(正名)의 관점에서 본 북한이탈주민의 명칭 고찰-2세대 실향민 명칭을 제안하며'(공저, 2024), '위협의 다양화를 통해 본 안전 보장 이슈와 호국 정신의 중요성 고찰(2024)', '우리 군과 다문화 – 외면과 방치의 중첩을 중심으로'(2024) 등의 연구를 진행하였다. 저서로는 『우크라이나-러시아 전쟁의 시사점과 교훈』(공저, 2023)이 있다.

배고은 (Bae Go-Eun) yscarpediem@korea.ac.kr
간호학을 전공한 후 11년간 임상간호사로 일하며, 과로사와 관련된 노동자의 업무환경과 건강의 연관성을 파헤치고자 사회학을 공부하게 되었다. 고려대학교 사회학과에서 의료사회학으로 박사학위를 받았으며, 박사 논문은 「강제된 감정노동과 감정부조화 : 대형 병원 간호사에 대한 질적 연구」이다. 이 연구에서는 강제된 감정노동과 감정부조화가 발생하는 상황을 사회적, 조직적, 제도적 맥락에서 탐색하고, 과도한 감정노동을 야기하는 요인에 집중하였다. 현재 한양대학교 의과대학 의료인문학교실의 연구 교원으로 재직하며, 주요 관심 분야는 북한이탈여성, 정신건강, 감정노동, 노동 환경, 노동자 건강, 사회적 취약계층 건강이다. 주요 논문으로는 「코로나19의 장기화가 노인의 일상생활에 미치는 영향에 대한 탐색적 연구 : 노인복지관 이용자를 중심으로」(단독)와 「완경기 탈북 여성의 건강관리 실태에 관한 탐색적 연구」(공저)가 있으며, 저서로는 『그리고 우리가 남았다』(공저, 2021년 세종도서 교양부문 선정)가 있다.

■ 그림

배진영 (Bae Jin-Young) totn0@naver.com
이전에는 간호사로 일했으나 현재는 초등학생 딸을 돌보는 엄마로 살아가고 있다.
최근 작품으로는 『북한이주민과 건강 내러티브』(2024)와 『북한이주민과 가족문
화』(2024)에서 그림작가로 활동했다.

북한이주민과
사회공동체

초판인쇄 2024년 12월 06일
초판발행 2024년 12월 06일

지은이 전주람 · 곽태환 · 배고은
펴낸이 채종준
펴낸곳 한국학술정보(주)
주 소 경기도 파주시 회동길 230(문발동)
전 화 031-908-3181(대표)
팩 스 031-908-3189
홈페이지 http://ebook.kstudy.com
E-mail 출판사업부 publish@kstudy.com
등 록 제일산-115호(2000. 6. 19)

ISBN   979-11-7318-112-2 94330

이 책은 한국학술정보(주)와 저작자의 지적 재산으로서 무단 전재와 복제를 금합니다.
책에 대한 더 나은 생각, 끊임없는 고민, 독자를 생각하는 마음으로 보다 좋은 책을 만들어갑니다.